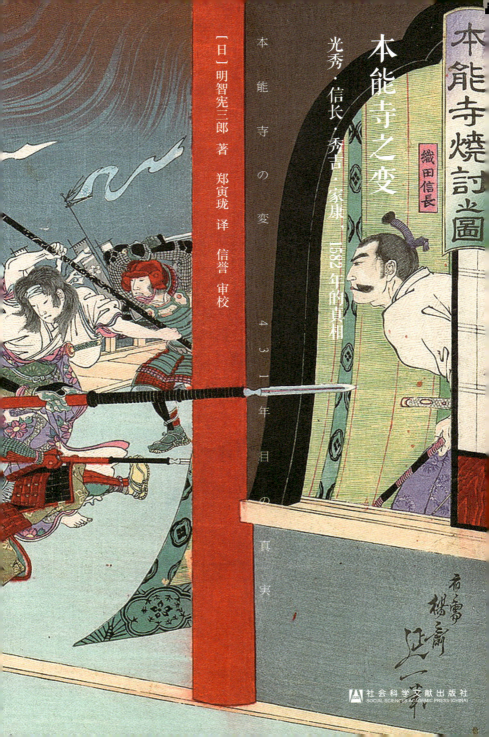

目　录

第三部　解析谋反全貌

第四部　未能实现的两个祈愿

序 言
漏洞百出的本能寺之变定论

大家对于明智光秀及本能寺之变等事件，有怎样的认识呢？大部分的人恐怕都是基于以下基本脉络而了解到了各种逸闻轶事吧。

关于明智光秀的前半生，大致有这样的说法：在美浓①的明智城被攻陷之际，他脱身逃往越前，在各国间流浪，后效力于朝仓义景（明智城陷落说＋侍奉朝仓说）。后来他侍奉织田信长，就足利义昭上洛②一事与信长斡旋，义昭上洛后，他同时为信长和义昭两边效力（信长、

---

① 日本古代令制国之一，约为今岐阜县南部。本书所有脚注均为译者所加，后文不再特别说明。

② 是"进入京都"的较正式的说法。日本仿照中国的洛阳建立平安京，雅称其为"京洛"，于是后来称呼进入京城为"上洛"。战国时代，"上洛"特指大名率领军队开进京都、宣示其霸主地位的军事行动。

义昭两方从属说）。义昭被流放后，他虽然在信长底下鞠躬尽瘁地工作，却怨恨起信长，怀着夺取天下的野心策划了谋反（怨恨说＋野心说）。

到事件发生的前夜为止，光秀都是独自决意叛变的，哪怕对自己的重臣也没挑明意图（单独犯罪说＋秘密叛变说）。叛变是因信长的疏忽大意产生了军事空白而造成的一次偶然性事件（疏忽大意说＋偶然事件说）。

得知本能寺之变爆发后，德川家康在九死一生中逃回三河，发起了讨伐光秀的义军，却为时已晚（穿越伊贺危机说）；羽柴秀吉得知本能寺之变发生后，便立即与毛利讲和，并冒着台风以惊人的速度回军讨伐光秀（中国①大返还神迹说）。

以上概况可以说是历史学界大致公认的定论。除了"怨恨说"之外，其余部分皆为昭和三十三年（一九五八）出版的高柳光寿所著《明智光秀》里的内容，后作为定论广泛为人们所接受。该书否定了当时以怨恨为光秀叛变动机的"怨恨说"，从而提出了"野心说"。日本历史学界也受此影响，掀起了一阵"该是怨恨说还是野心说"的讨论。除了动机以外，其余内容皆未引发争论而作为定论固定了下来。

----

① 指日本本州西部的冈山、广岛、山口、岛根、鸟取五县区域。

从那之后，包括"黑幕说"在内的各种动机论被提出。二〇〇六年，被认为是高柳学说继承者的铃木真哉、藤本正行在《信长是为阴谋所害吗》一书中，提出了"怨恨说"和"野心说"共同成立的观点。由此，有关动机论的讨论也尘埃落定，形成了再次肯定既有观点的定论。

但是，这个定论的证据，不论哪个都十分薄弱。如果有"历史法院"的话，裁定该定论时，肯定会做出证据不足的判决。

接下来，让我们来看看定论的证据到底哪里出了问题。

"明智城陷落说 + 侍奉朝仓说"

这种说法只不过是在本能寺之变发生上百年后出版的军记物①，也就是物语《明智军记》里虚构的故事罢了。可是，因为高柳光寿在《明智光秀》里肯定了"侍奉朝仓说"，所以它便作为定论固定了下来。高柳将以熊本藩细川家作为正史编纂的《绵考辑录》（细川家记）的记述作为依据，可是《绵考辑录》中关于此事的记载就是参考《明智军记》写成的。

高柳一边特意注明了《明智军记》是一本"充满谬误的恶书，我不会引用其中有关光秀经历的部分"，一边

---

① 日本中世末期到近世初期出现的记述战国武将和大名武勋、战绩的书籍。

却又肯定了《绵考辑录》的记载，很讽刺的是，他最后还是引用了《明智军记》的内容。

"信长、义昭两方从属说"

高柳光寿的《明智光秀》中，有关义昭上洛的部分里写到"此时光秀已成为信长部下一事基本可被认为是事实"，而且还说明智光秀"同时也侍奉着义昭"。由此光秀同时侍奉过信长、义昭二人的说法便成为定论。

但是，高柳作为依据的史料还是《绵考辑录》。《绵考辑录》中光秀在义昭上洛前侍奉过信长这一段也是参考了《明智军记》的记载而写成的。高柳在这里又引用了《明智军记》的记录。

"怨恨说 + 野心说"

本能寺之变发生的四个月以后，羽柴秀吉命自己的家臣撰写了交代本能寺之变始末的《惟任退治记》。书中可见信长所说的"光秀因怨恨而杀我"，以及光秀在那首被称为怀有夺取天下野心的连歌①《爱宕百韵》中所咏的内

---

① 连歌是日本古已有之的一种诗歌形式，但是逐渐发展到居于文坛独立的地位是从镰仓时代开始的。在平安朝中期的即兴唱和中，一人作前半的五、七、五，叫长句，另一人接后半的七、七，叫短句，合起来便成为一首由三十一个假名构成的歌。

容："如今正是好时机，土岐五月统天下。"（時は今あめ
が下しる五月かな）① 这就是怨恨说、野心说的源头，后
世的军记物均以此为基础，夸大其词，创作出许多逸闻轶
事，使该说法变得更为丰满。

　　高柳光寿的《明智光秀》否定了"怨恨说"而提出
"野心说"，引起了历史学界的争议。前文既述，争论最
后以两说共同成立的形式尘埃落定。可是，如果这是报纸
社会版里的报道也就算了，但既然光秀一直支持信长统一
天下，真的会因为怨恨而发动杀人事件么？另外，高柳所
谓"信长欲得天下，秀吉也欲得天下，则光秀亦欲得天
下"的"野心说"，在证据方面真的有说服力么？

　　就因为这种说法流传了超过四百年，大家便如此认定
了。可是大家真的不觉得这是很孩子气、很幼稚的动机么？

　　不论"怨恨说"还是"野心说"，其根据全都是"那
羽柴秀吉授意所写的"内容。可是，正因为是"那羽柴
秀吉授意所写的"，所以更不能囫囵吞枣、照单全收。作
为胜利者的秀吉按照自己的喜好，为了自己的利益而编造
一个说法也是完全有可能的。

---

　　① 　此句连歌本应被译为"梅雨淅沥下不停，便知时逢五月天"，但因
　　　　日语中"时"与"土岐"、"天"与"雨"、"知道"与"统治"
　　　　的读法相同，因此这句连歌又可写为「土岐は今天が下しる五月
　　　　かな」，被认为是怀有夺取天下野心之作。

"单独犯罪说＋秘密叛变说"

《惟任退治记》里记载"光秀密谋叛变"，这便是此说之始。以此句为基础，军记物里便创作出光秀"在事变前夜首次向重臣公开叛变的决意"这般像模像样的故事，而这一说法经《明智光秀》一书里高柳的肯定而成为定论，即为了防止叛变的秘密泄露，光秀事前不可能与任何人商量。这也是"那羽柴秀吉授意所写的"，不能就此相信。

光秀的最终目的是叛变成功。而"保密"只不过是为了"成功"的手段之一罢了。如果叛变的成功需要合作者的话，无论如何都要想办法在保守秘密的同时确保有同谋。实业界的目的手段关系论便是与此相同的理论，对于在战国时期为了生存下去而常被迫面临抉择的武将来说就更是如此了。

"疏忽大意说＋偶然事件说"

光秀趁着因信长疏忽大意而产生的偶然机会发动叛变这一说法已成为定论。现在因为本能寺之变是成功的，所以谁都没问到底是怎样成功的。因此，叛变的具体实施过程尚未被解析出来。

比如，本能寺之变的当天，德川家康为了与信长会面而前往本能寺，是信长抱着某种目的把家康叫到本能寺的。那么，信长究竟想做什么呢？

另外，光秀在本能寺杀掉信长后，得知信长嫡子信忠据守二条御所①，这才前往讨伐信忠。光秀为什么没有同时袭击信长和信忠呢？如果得知本能寺之变爆发的信忠从京都逃脱的话，谋反理应会失败。

没有人会在认为"即使失败也无所谓"的情况下就发动谋反。既然要谋反，就肯定会做好万全的准备。在这样的前提下，本能寺之变当天发生的事情就必须有一个解释。而"疏忽大意说 + 偶然事件说"可以说是一种回避解释的说法。

"穿越伊贺危机说"

东京大学史料编纂所编纂的《大日本史料》规模巨大，内容丰富。它根据年月日的顺序，搜集摘录了与事件相关的史料，这是所有研究者都会首先参考的资料。在天正十年六月四日的条目里，《大日本史料》摘录了一百页以上、约六十条与德川家康穿越伊贺相关的记载。

很多摘录内容中都写道：德川家康被一揆②袭击、命悬一线地逃回三河，而同行的穴山梅雪则被一揆袭击，遭

---

① 位于今京都市。
② 指农民、宗教信徒等为某种目标集结而成的政治共同体及其针对统治者的反抗行动。

到杀害。穴山梅雪曾是武田胜赖的重臣，后归顺织田一方。

正因为有大量史料如是记述，该说法变成了难以动摇的定论。可是，对这些摘录史料的可信度，却完全没有评价。大部分的史料都是后世之人写的。

然而，还有这样一个人，只有他遇到了刚逃回三河冈崎城①的家康一行人。他在相遇当天的日记里写着"梅雪切腹"，因而穴山梅雪不是为一揆所杀害的。从当时的状况来看，他应该是被家康命令切腹的。但是这句证言一直被无视——明明在可信度上更胜一筹，却因记载数量少而败下阵来。

高柳在《明智光秀》里写道："梅雪被一揆多次袭击后遭到杀害，这恐怕是事实吧。家康在回到冈崎后便于第二天即六月五日迅速展开了针对光秀的敌对行动。"而在书中，上述那人所写的日记——《家忠日记》作为支撑该说法的史料之一被列举了出来。

可是，该日记里并没有提及梅雪被一揆所害一事或家康在六月五日针对光秀的敌对行动。不如说，其中写着正相反的内容。

---

① 位于今爱知县冈崎市。

"中国大返还神迹说"

在本能寺之变的第二天六月三日的夜晚，知晓了信长、信忠之死的秀吉在第二天四日便与毛利紧急和好，定论认为他是在六日就从备中高松城撤离了[①]，冒着台风以一天八十公里的速度急行军，于七日到达姬路城[②]。高柳在《明智光秀》中也记述了该行程。

其实，最初写下该行程的也是《惟任退治记》，这种说法只是无条件地相信了秀吉根据自身需要而进行的记录。这也是"那羽柴秀吉授意所写的"，所以我们当然不能轻信它，不是吗？

虽然定论的证据确实疑点重重，可还是有人主张"不坐时光机回到过去就无从得知历史真相"吧。"绝对真相"也许确实如此。可是，现实世界里的真相，不论是在四百年前，还是在今天，都可以用同样的方法判断。这就是盖然性。

比如，一九九八年发生的和歌山毒咖喱事件。在町内

---

① 备中高松城之战是天正十年（1582），羽柴秀吉受织田信长之命，对毛利家武将清水宗治守卫的备中国高松城（位于今冈山县）进行的攻城战。

② 位于今兵库县姬路市。

会组织的夏日祭典上，因贩卖的咖喱饭中被掺入了砒霜而造成了人员死亡。无人目睹作为嫌疑人的主妇在咖喱锅里掺入砒霜的那个决定性瞬间。在没有具决定性的目击者证词的情况下，法院最后还是判处嫌疑人有罪的依据就是盖然性。因为从各种证据看来，嫌疑人极有可能投入了砒霜。

历史的真相也是完全一样的，即便没有直接记述该事件的史料，也可以像警方搜查一样，通过各种证据，复原盖然性很高的真相。最重要的就是解开谜底的步骤。从预想的前提条件出发先把答案定好，再去找与之相吻合的证据，这一方法是本末倒置的，这发生在搜查过程中就会制造冤案。

我彻查了当时有可信度的史料，找出证据，从根本上重头做了本能寺之变的研究。当我把查找出的证据全部复原成合乎逻辑的事实时，一个和定论完全不一样的答案浮出水面。连我自己也对此感到震惊。因此，我在确认自己采用的证据和推理没有错漏的基础上，又从各种角度检查了是否还有得出其他结论的可能性，最终才接受了这个答案。我把自己的这种研究方法称为"历史搜查"。因为这与一般的历史研究明显不同。

我想，听过我所复原的真相的人肯定都会惊呼："不可能！""天方夜谭！"之所以这样说，是因为这是四百三十多年以来人们从未听过的对真相的解释。能虚心坦率地评价搜查内容（证据和推理）的正确性和逻辑性的人，应该会觉得"确实有可能！""这才是正确的答案！"，进而认同我的观点。所以，无论如何也要请读者自己阅读本书并进行确认。我想你们会有种读推理小说的感觉，并且能够感受到和以前层次完全不同的解开本能寺之谜的乐趣。

另外，此前我曾出版了《本能寺之变——四百二十七年后的真相》（总统社，二〇〇九年），受到读者好评。本书是在前书的基础上，再加上我这四年追踪调查的结果后增补修改的文库本。在感觉上，与其说是前书的文库本，不如说是其进化版。希望各位能好好品味历史搜查更深、更广的成果。

平成二十五年十二月

第一部

捏造出来的定论

第1章

定论是由谁捏造出来的？

胜利者散布的伪造事实

天正十年（一五八二）六月二日的早晨，京都本能寺被明智光秀的军队包围了。经过短暂的战斗后，本能寺陷入了一片火海，在那火焰中，未能实现统一全国之梦的织田信长结束了他四十九岁的人生。紧接着光秀军攻击了信长嫡子织田信忠所据守的二条御所，信忠最终也自杀身亡，至此光秀取得了"本能寺之变"的胜利。

可是，仅仅十一日后的六月十三日，光秀在山崎合战中败给羽柴秀吉，在朝着居城①近江（今滋贺县）坂本城逃亡的途中丢掉了性命——这就是本能寺之变及其后的山崎合战的梗概。

---

① 战国大名日常居住的城池。

以上内容是确定的事实。而作为所谓的历史常识，每个人都知道不少有关此事的各种传闻。

比如，信长屡屡苛待光秀，光秀因此产生怨恨而谋反，在吟咏的"如今正是好时机，土岐五月统天下"中宣告了夺取天下的决心；光秀独自策划了谋反，临事发前向重臣们表明心迹，发出"敌在本能寺"的号令后率军前往本能寺；羽柴秀吉在备中高松城之战中得知信长被杀，他号啕痛哭，为报君恩，决意复仇；等等。

但是，这一切都是创作的故事。它们只不过是在被称为军记物的故事中被创作出来的情节罢了，而这些故事创作于本能寺之变后数十年的江户时代。

那么，为什么在本能寺之变后数十年，甚至上百年才创作出来的军记物里全都写着相似的内容呢？难道真的是因为它们更接近真相么？

其实它们都是"被当作真相而散布"的故事而已。某个人在本能寺之变发生的四个月后，对外正式宣称：本能寺之变因明智光秀对信长的怨恨以及他夺取天下的野心而起，且为光秀的单独犯罪。在不像现今这样拥有自由媒体的时代，若有人用强权散布"这就是真相"的话，那就会成为"事实"。

而军记物又在此基础上各种添油加醋、夸大其词。

比如"光秀因为被取消了在安土城中招待德川家

康的宴席负责人的资格而怨恨信长"；"光秀遭信长留难而被打，所以怨恨信长"；"接到剥夺自己重要领地的命令从而怨恨信长"；"光秀的母亲因信长的责任遭到杀害，故而产生怨恨"——该说法就这样不断丰满起来了。

时至今日，还有人从各种方面推测光秀被信长讨厌的原因或是光秀怨恨信长的原因，继续添油加醋。在这之中，居然出现了光秀由于近视眼而眼神凶恶，所以被信长讨厌云云等新说法。这样一来，事情就成了只要饶有趣味，便怎么解释都行了。

秀吉的政治宣传书《惟任退治记》

那么，首先将这些说法当作"事实"传播的人究竟是谁呢？

他就是羽柴秀吉，也就是之后的丰臣秀吉。然而不可思议的是，这件事情几乎无人知晓。

如今正是好时机，土岐五月统天下。

这句连歌作为光秀表明谋反心迹的证据广为人知。它

本能寺之变

是本能寺之变三天前，在光秀居城丹波龟山①附近的爱宕山举行的名为"爱宕百韵"的连歌会的发句，也就是连歌的首句。那么，为什么这句连歌能如此广为人知呢？现在，若有重大事件发生，各家新闻媒体会同时对相关的事情进行调查，相关信息一下子就传播开了。而在当时是没有这类媒体的，照理说事件的相关消息不可能广泛传播。可是唯独"光秀所作之句"，连同光秀在其中的寓意都一并广为人知。促成此事的就是《惟任退治记》一书。

《惟任退治记》是在本能寺之变仅四个月后的天正十年（一五八二）十月，羽柴秀吉命其雇用的御伽众大村由己所写的二十页左右的短篇著作，书中简明扼要地记述了本能寺之变的始末，即所谓的事件报告书。御伽众乃是陪伴主君谈话的近侍，而大村由己则因其文采获得器重，担任类似现代宣传部官员的角色。"惟任"是朝廷赐给光秀的姓氏，如书名所示②，这正是一部讲述在山崎合战中秀吉消灭光秀的宣传书。此书是在事件发生后，最早问世的交代本能寺之变始末的著作，也是秀吉针对本能寺之变发布的官方公告。

通过这本书，秀吉将"本能寺之变是光秀单独犯案，

---

① 位于今京都府。
② "退治"是惩处、制伏、消灭的意思。"惟任退治"即"剿灭光秀"之意。

其谋反动机出自私怨，以及光秀早已怀有夺取天下的野心"变成了本能寺之变的官方定调。

为了证明光秀心怀夺取天下的野心，秀吉所出示的证据便是"光秀所咏的发句"。《惟任退治记》里是如此记载的：

> 光秀发句云。
>
> ときは今あめかしたしる五月かな
>
> 今思惟之，则诚谋反之先兆也。何人兼悟之哉。
>
> （光秀在发句里说道："如今正是好时机，土岐五月统天下。"现在回想起来，这根本就是谋反的先兆，可当时又有谁明白呢？）

光秀的句子按字面来解释的话，意为"梅雨淅沥下不停，便知时逢五月天"，也就是吟咏梅雨情景之句。可是秀吉在《惟任退治记》里，没有把此句按照字面意思来解释，而是把"时"作"土岐"，"雨下"作"天下"，"知道"作"统治"，写道：到如今才明白，此句所含真意为"已经到了由土岐家的我（指光秀）来统治天下的五月"。

可是，被认为是光秀发句的连歌并不只有这一版本。

事实上流传下来的《爱宕百韵》的抄本有数十种，

本能寺之变

其中京都大学附属图书馆所藏的抄本里，"下しる"的部分被写作"下なる"流传下来。以下便是该句：

時は今あめが下なる五月かな

这句话的意思是"如今在雨下，时逢五月天"。

光秀所咏的句子如果是"あめが下なる"的话，按照字面意思就是"在雨的下面"，就读不出像《惟任退治记》里所说的"已经到了由土岐家的我来统治天下的五月"的意思了。

那么，光秀原本所咏的到底是哪一句？如果摒除成见，重新考虑四百多年来都被当作定论的"统治天下"一说，又会怎样呢？

从结论来说，毫无疑问光秀咏的是"雨下"，即咏"梅雨下不停的五月"之意。为什么这么说呢？因为《惟任退治记》的"统治天下的五月"之说里有决定性的矛盾。

让我们假想一下，如果确实如《惟任退治记》所说，光秀咏的是"已经到了由土岐家的我来统治天下的五月"，那么本能寺之变是几月发生的呢？本能寺之变于六月二日发生——不是五月，而是六月。

既然本能寺发生在六月，那么"已经到了由土岐家的我来统治天下的五月"的这种解释，在月份上就合不来。这乍看只是很微小的问题，可是在历史搜查里不能放过一点差错，这和现代的警方搜查是一个道理。

由于《爱宕百韵》是为祈求战争胜利而作的连歌，并且将供奉于爱宕神社前，因此绝不会有如此随便的祈愿。故而这应该被视为硬生生地改写句子后所产生的矛盾。

被窜改的《爱宕百韵》

很明显，秀吉为了让光秀看起来怀有夺取天下的野心，命令大村由己在《惟任退治记》里将连歌改写成了"统治天下"。如此推理的依据不仅是月份的矛盾，还有一个确凿的证据可以证明光秀咏的确实是"雨下"。

那就是"爱宕百韵"连歌会的日期。秀吉窜改的不仅是"天下"，还有"爱宕百韵"连歌会的"日期"。

京都大学附属图书馆所藏抄本等众多版本都记载着"爱宕百韵"连歌会的举行日期为五月二十四日，可是《惟任退治记》里写的是五月二十八日。

正是历史搜查让我着眼于这种日期的不同，因为我认为那个改动之中隐藏着某种目的。一直以来，相关研究从未着眼于此并继续向下挖掘，因为它们是"研究"而不是"搜查"。

历史搜查的结果是：为了尽量掩饰"夺取天下是在六月（本能寺之变发生在六月二日），而不是五月"这种谁都会发现的矛盾，秀吉故意将"爱宕百韵"连歌会举办的日期延至二十八日。若是保留"五月二十四日"的话，谁都看得出月份不合。但改成二十八日的话，感觉就大大不同了。也就是说，天正十年这一年的五月只有二十九天，改成"二十八日"的话，就能以"离六月仅差两天"而敷衍过去。

这一改动出色地发挥了预想的效果，这正能证明——窜改日期正是出于这样的目的——推理成立。这样一来，月份不合这种简单的矛盾就不会被人指出了，并且这种伪装历经四百多年都不曾被识破，甚至至今通用。谁都彻底相信了光秀咏的是"统治天下"。

这一说法之所以会被如此深信，与信长家臣太田牛一在《信长公记》一书中的记述有关。在当时的书籍中，这部书被认为是可信度最高的一级史料。而《信长公记》里也写着"光秀在五月二十八日，吟咏了五月统天下之句"，这和奉秀吉之命所写的《惟任退治记》里的内容一样。这究竟是怎么回事呢？

《信长公记》是将信长的家臣太田牛一每次写下的类似日记的原稿搜集整理、编纂而成的著作。乍看与报纸上新闻的写法相似，但它和军记物在记录方法上有明显的不同。书中既没有歌颂信长的文章，也完全没有诽谤光秀的记述。所以，可以认定《信长公记》正是可信度最高的一级史料。

可是，对于不同的记述对象，其可信的程度也是不一样的。并不能因为它是一级史料，就认为其所有记述的可信度都是第一级的，实际使用时也有必要评估每条记述的可信度。

太田牛一是信长身边的家臣，所以许多有关信长周边的信息，都是他的亲身经历或是通过可靠渠道取得的，当然具有极高的可信度，包括广为人知的本能寺之变中信长死前的情况——由于是牛一直接听到了在场人员的讲述，所以可信。可是有关信长周边以外的信息，则是他不知从何处听来的传闻，其可信度就大大降低了。"爱宕百韵"连歌会的消息就属此类。

遭到窜改的铁证

难道就没有秀吉窜改日期的铁证么？作为历史搜查，有必要确认更切实的证据。在"爱宕百韵"连歌会上，除了光秀，同席的还有著名连歌宗师绍巴①，以及他的弟子等十人左右。如果能找到其中某人于二十八日身在别处的记录的话，那在场证明就站不住脚了。

可是，在光秀及绍巴等人经常参加的堺市②商人——天王寺屋③（津田）宗及的茶会记录以及与光秀有深交的公家④日记等文献中，并没有发现光秀等人在二十八日的活动记录。当我正想放弃时，忽然发现了一件事——有另一个可以让在场证明不成立的证据。推论顺利的话，也许能证明《惟任退治记》中所谓光秀在五月二十八日作歌是不可能的，而二十四日的话就可以。

那就是当日的天气。

所谓连歌，就是按照被称为"式目"的一种规则，参与者一人一句衔接作歌的一种诗歌形式。百韵是五、七、五的上句和七、七的下句交替吟咏，把它们连成五十组共一百句。当中有很多必须遵守的规矩，其中一个就是"发句（即首句）必须领会当场的风雅情趣而作"。

光秀的发句咏的是"雨下"，这是光秀领会眼前爱宕山之雨景的情趣所作。也就是说，那天爱宕山上肯定

---

① 即里村绍巴。
② 位于今大阪府。
③ 屋为日本的商号，象征着商人的名声。天王寺屋是堺市富商津田家的屋号。
④ 为天皇与朝廷工作的日本贵族、官员的泛称。

下了雨。如果二十四日有雨,而二十八日没有下雨的话,就能证明秀吉窜改了日期。这是一种极为科学的证明方式。

于是,我便去调查是否存在记载了当时天气的史料。幸运的是,有人在日记里记载了天气。其中一人便是在爱宕山附近的京都居住的公家山科言经——他确实是一丝不苟地记录了每一天的天气。

看了他的日记《言经卿记》,便能发现二十四日的天气写的是"晴阴、下未"。"晴阴"是"时而晴天、时而阴天"的意思,那"下未"又是什么意思呢?古语辞典里也没有相关记载。

从《言经卿记》二十一日至二十九日的记述可知,"下未"既不是晴天也不是大雨或小雨。因为这段时间的日记里有使用"天晴"、"大雨"、"小雨"等词。为了确认意义不同于这些天气表述的"下未"的意思,我还试着调查了其他人写的日记。

那就是位于京都以南约四十公里的奈良兴福寺多闻院的院主英俊写的《多闻院日记》,以及当时所处京都以东约一百二十公里的三河(今爱知县)冈崎附近的深沟城的松平家忠所写的《家忠日记》。这两人都只记录下雨天。将《言经卿记》中写着"下未"的四天与这两人的日记对比,就可得知"下未"便是"下雨",既非大雨也非小雨，意味着"普通的雨"。

于是，便能从《言经卿记》的记载得知存在疑点的二十四日，京都时而晴，时而阴，后下雨。爱宕山在京都市中心西北方向约十五公里的地方，比比叡山还高，海拔超过九百米。即使现在也要先从京都站起搭五十多分钟的大巴，再沿陡峭的参拜道路步行三小时才能最终到达山顶的神社。京都市内"下雨"的话，在西边山地的爱宕山肯定比京都市内还要早下雨。毋庸置疑，五月二十四日爱宕山下了梅雨。

另一方面，《惟任退治记》里所宣称的二十八日的天气又如何呢？

参考《言经卿记》，从五月二十四日起至二十六日都是下雨，而到二十七日雨停，然后二十八日的天气是"天霁"。"霁"即"晴"，也就是说二十八日的天气是"晴"。

二十八日的《多闻院日记》和《家忠日记》里都没写天气。因为这两人都有只记雨天的习惯，所以至少可知"天气不是下雨"。所以可以认为，二十八日近畿、中部地区①是大范围的晴天。

---

① 近畿地区指大阪府、京都府、兵库县、奈良县、三重县、滋贺县、和歌山县二府五县。中部地区指新潟县、富山县、石川县、福井县、山梨县、长野县、岐阜县、静冈县、爱知县九县。

这样一来就证明了《爱宕百韵》确确实实遭到了审改。被所有人毫不怀疑地相信了四百多年的"如今正是好时机,土岐五月统天下"这句连歌,是秀吉为了极力宣传光秀怀有夺取天下的野心而故意将其中的词句和日期审改的结果,以上就是这一伪造行为的证据。

"爱宕百韵"连歌会前后(天正十年五月下旬)的天气

二十九日	二十八日	二十七日	二十六日	二十五日	二十四日	二十三日	二十二日	二十一日	日记名·人物·地域
下未	天霁	小雨、天晴	晴、下未、晚大雨	下未	晴阴、下未	天晴	天晴	天晴	《言经卿记》·山科言经·京都
晚大雨		下雨、晚大雨	下一天雨	开始下小雨					《多闻院日记》·英俊·奈良
下雨		下雨、晚大雨	下雨	下雨				雷阵雨、雷鸣	《家忠日记》·松平家忠·三河

宣传书里包含的秀吉的意图

秀吉正当化的不仅是"野心说",他更通过《惟任退治记》说光秀"企图密谋叛变。但是,这并非临时起意,而是出于多年来的反意",将其说成从很久之前就怀有谋反之心。然后,书中还让信长留下"所谓以怨报恩,也并非史无前例"的遗言，造成一种信长自己也认为光秀的谋反是出于怨恨的印象。这就是流传至今的"怨恨说"的源头。

但是，《惟任退治记》中所谓的"怨恨"是毫无根据的。那不过是秀吉对于光秀的心理活动所给出的一种专断的解释。不论光秀是否在很久之前就怀有谋反之心，或是他是否怨恨信长，还是他是否在《爱宕百韵》的发句中蕴含了夺取天下的决心，这些都只不过是秀吉的片面之词。

所谓的信长遗言原本就很可疑。实际上，可信度很高的太田牛一所作《信长公记》里就写着完全不同的内容。

秀吉有必须强行这么下结论的动机。整件事情不过是他把对自己有利和自己要鼓吹的内容写进《惟任退治记》里而已。传说秀吉曾几次命令作者大村由己向亲王①和公家朗读此书。秀吉利用《惟任退治记》完完全全地创造了世间对本能寺之变的普遍认识。

有一个很清楚的事实是，秀吉本人和他流传至今的形象是不同的。即便他是信长忠诚的家臣，本来也并不曾仰慕过信长。通过分析《惟任退治记》的记述，就必定能

①　日本皇室成员。一般天皇的直系三代以内的皇子、皇孙子称"亲王"。

明白事实是完全不一样的。

通读《惟任退治记》后我注意到，里面完全没有体现他崇拜、仰慕信长的记述。更甚者，秀吉本人与传说中被信长偏爱的形象也相差很远。

在此书开头描写信长在安土城的荣华境况的部分，记述了信长每晚耽于享乐的事。该书还写道，在本能寺之变的当晚，信长如往日一般沉溺于美色，甚至他在遭遇袭击丧命前，把那些女人"一个一个地刺死了"。原文是这样的：

> 将军倾春光秋月乎，靓给红紫粉黛，悉皆指杀，御殿手自悬火，被召御腹毕矣。
>
> ［此时将军（信长），把春花秋月时赏玩的粉黛佳人们全部一一刺死，然后亲自点燃大殿，便切腹了。］

然而，太田牛一在《信长公记》里写道，信长当时说"女子勿在此受苦，速速出逃"，下令让女人们逃跑。因为牛一的记录肯定是直接取材自从本能寺逃出来的女性处的，所以不会有错。信长即使面临自己的死亡，也依然有关怀他人的胸襟。

可是，秀吉很明显出于某种目的而掩饰了这段事实。

他宣扬信长是淫乱残忍之人，而光秀则因怨恨、野心等私人理由发动了谋反，而其他武将与此事盖无关系。这就是本能寺之变事后处理的最后举措。秀吉让所有的武将都相信他从而集合到他麾下。他做出了如此宣言，并制订了夺取政权的计划。而历史也证明了秀吉依据此计划成功地篡夺了织田家政权。

依照秀吉的政治意图而如此写就的宣传书，以及本能寺之变所谓定论即源于本书这一重要事实至今仍遭到忽视。由此可见，有关本能寺之变的研究从根本上就是歪曲的。

捏造了秀吉传说的《太阁记》

江户时代的军记物把《惟任退治记》里的故事进行了有趣的夸张。而赞颂秀吉的一系列名为《太阁记》的书对其影响很大。

在大阪夏之阵①中消灭丰臣家的德川家康，曾通过废除祭祀秀吉的京都丰国神社等举措，将秀吉的功绩一扫而尽。可是，在家康死后还不到十年，《太阁记》就出版了，分别有《川角太阁记》和《甫庵太阁记》，这些都是

① 元和元年（1615）五月的一场战役，是江户幕府消灭丰臣家的大阪战役的一部分。

和秀吉有关的人写的。

这两本《太阁记》很明显都是物语。它们作为物语挺有趣的，可是其内容并不是事实。其中有大量不在现场就不可能知道的情节，而这些发生在四十多年前的事情，不可能被知晓得如此详细。

《川角太阁记》的作者通常被认为是侍奉秀吉家臣田中吉政的川角三郎右卫门。这本书为了佐证被《惟任退治记》官方化的"怨恨信长"一说，创作出了好几个成为怨恨起因的故事。

比如在岐阜的桃花节①之时，光秀曾在大名、公家面前颜面尽失。攻打武田家之际，光秀又在上诹访被信长严厉斥责。另外，德川家康来访安土城，光秀在招待他的准备工作中出现疏漏，被罢免了礼宾一职后受命出征中国地区。光秀因为如此种种而怨恨信长，最终叛变。

除此之外，书中还有本能寺之变后，身怀光秀给毛利家书信的使者错入秀吉阵营导致秀吉知道了信长之死的故事，还有著名的"明智左马助渡琵琶湖"，即左马助（正确的应是弥平次秀满）得知光秀战败而死后，从占据的

---

① 日本旧历中的传统五大节日之一，为旧历三月三日，又称雏游、偶人节、上巳、女儿节。

本能寺之变

安土城中逃出，骑马横渡琵琶湖回到居城坂本城的故事等让人感觉如同身临其境的内容。

通读此书便能发现，这本书完全是通过"上帝视角"来记述的。也就是说，作者借助了某位始终鸟瞰全局的人的眼睛来写了这本书。而很明显的是现实中是不可能存在这种人的。

然而，历史研究者却将这种书里写的内容如史实一般对待，真是让人感到不可思议。如同在理工科的研究论文里想要将科幻小说的内容作为科学事实来引用一样，这种事是不可能出现的。这简直好像历史研究者们自己在主张历史是不科学的一样。

另外一本《甫庵太阁记》的作者，是侍奉过羽柴秀次及秀吉家臣堀尾吉晴的小濑甫庵。甫庵以太田牛一的《信长公记》为范本写了《甫庵信长记》，后面会介绍他大幅润色之事。《甫庵太阁记》也以《惟任退治记》为原本，并进行了各种补充。

书中认为，谋反的理由是光秀被罢免在安土城接待家康的礼宾一职，并受命作为秀吉的援军出征备中一事。此外，像在今天被当作常识的山崎合战以天王山攻防战①定胜负，

---

① 山崎合战中的一场战役。后用"天王山之战"泛指战争或比赛中的关键战役、分水岭。

以及光秀在小栗栖的竹林中遭遇落武者狩①被竹枪刺死等故事，也都是《甫庵太阁记》所创作出来的。

　　不过，只有秀吉授意所写的《惟任退治记》中记载了被送到秀吉处的众多首级里有光秀的首级。因为在没有报纸或电视的时代里，庶民不可能有能力分辨光秀的容貌，所以此事应如《惟任退治记》里所述。当时的许多公家日记里也写着光秀在山科、醍醐②一带遭到杀害。故此应认为，在那一带斩获的首级中确实有光秀的首级。

　　在这之后，还有各种各样的《太阁记》被创作出来。里面也有如《绘本太阁记》这样为了方便庶民阅读而加入插画的类型出版并被广泛传阅。它还被改编成人形净琉璃③及歌舞伎，很受欢迎。如此这般，《太阁记》写就了秀吉的传说，同时也创造了关于本能寺之变的普遍认知，并将其作为通用的说法流传开来。

　　顺便一提，广为人知的信长侍童森兰丸④的名字也是

---

①　指日本历史上抢劫、袭击或击杀战败的落单武士的行动，属于地域自卫的一种。参与者主要是农民、民兵或有组织的土匪。战国时代战场附近的民兵往往以抢劫落难武士或以武士首级邀功的形式取得财富。

②　位于今京都府。

③　日本独有的木偶戏，又称"文乐"，是日本四种古典舞台艺术形式（歌舞伎、能戏、狂言、人形净琉璃）的一种。

④　森兰丸（1565—1582），即森成利，日本安土桃山时代武将，森可成的三子，织田信长的小姓（即侍童）。以美貌闻名。与信长一同死于本能寺之变。

《惟任退治记》所造的。在《信长公记》等可信度高的史料里，他的名字写作"森乱丸"。秀吉当然熟识作为信长近侍的乱丸，所以这绝不可能是《惟任退治记》的笔误。这应该是书中为了赋予信长喜好男色的形象，故意用了给人一种美少年印象的"兰丸"二字。

而且，之后以《惟任退治记》为蓝本的军记物里全都将其写作"兰丸"，于是到了今天这也就成了常识。把军记物当作史实引用的书里肯定都写作"兰丸"，这个名字就像石蕊试纸一样——一看到写作"兰丸"的书，就可以认定里面肯定混入了军记物的记述。

现今，几乎没有人读过军记物《太阁记》，但不可思议的是里面写的故事几乎人人知晓。这是因为传媒变换形式散播了它们。首先，一九三九年，吉川英治以《太阁记》为蓝本创作的《新书太阁记》开始在报纸上连载，之后又结集出版，并成为畅销书。更有甚者，一九六五年还播出了据此书改编的日本放送协会（NHK）大河剧①。现代人关于秀吉的知识，基本都来自军记物《太阁记》里写的故事。

---

① 大河剧是日本放送协会（NHK）自 1963 年起每年制作一档的连续剧的系列名称，主要是以历史人物或是一个时代为主题的时代剧。

捏造了光秀传说的《明智军记》

把虚构的故事进行广泛宣扬的不止《太阁记》。被认为是成书于本能寺之变后约一百一十年的元禄六年（一六九三）的《明智军记》，更捏造了光秀传说。

从现在起上溯一百一十年，就是甲午中日战争之时。即便在现代，对于如此久远的事件，要想发现新的事实也非常困难。可是，在《明智军记》里就写着各种"新事实"。虽然没有根据，但全都是些会让人认为"两人间发生如此多的事也难怪光秀会怨恨信长"的故事。

书中所写的故事有：首先是信长逼迫光秀，让他把自己的重臣斋藤利三还给其原来的主君稻叶一铁，光秀拒绝后被信长在脸上打了三四次拳；然后，信长责怪光秀在安土城对家康的招待过分奢侈，让森兰丸等侍童用扇子打光秀的头，还罢免了光秀的礼宾一职；再次更有甚者，信长命令光秀出征中国地区并服从秀吉的指挥，光秀家臣们听到此事后大怒；最后决定叛变的关键一步，是因为在光秀夺下毛利领地的出云、石见（今岛根县）后，信长将其作为领地给予光秀，而作为交换，光秀要把自己的领地丹波①、近江上交；等等。

《明智军记》的作者不详，一说是德川幕府命御用学者所作。因为凡不符合幕府利益的书籍都曾被禁止发售，而未遭禁的《明智军记》肯定符合了幕府的利益。这本书认为"遭到那样的苛待后光秀被迫谋反"，企图以此挽回光秀的名誉。也就是说，幕府曾出于某种原因想恢复光秀的名誉。

其结果就是，如同《太阁记》炮制了秀吉的传说一样，《明智军记》也创作出许多光秀的传说。《明智军记》里的记述漏洞百出，虽然这在今天的历史研究里可谓是常识，但因其内容曾作为通用的说法广泛流传过，至今还有一部分记述被当作历史常识。

第一，就是光秀辞世句②：

> 顺逆无二门，大道彻心源。
>
> 五十五年梦，觉来归一元。

这首辞世句经百年之久才被发现，已让人颇觉可疑。

---

① 日本古代令制国之一，约为今京都府中部及兵库县、大阪府的一部分。
② 日本的一种文学形式，又名辞世诗。一般是指临终前咏诵的汉诗、偈、和歌、发句等短诗。

而辞世句中所写的光秀享年五十五岁，更是没有根据的内容，却不知怎的成了历史常识。

关于光秀的年纪，确实无法确定，在可信度高的史料中并无相关记载。《明智军记》以外，也就只有在被认为是江户时代的第三代将军①德川家光的元老松平忠明所写的《当代记》里还有记述，即六十七岁。

从史料的可信度来说，我认为六十七岁的可能性更高。要说六十七岁在当时属于异常的高龄，其实也并非如此。将武将的寿命列举来看，尼子经久享年八十三岁，岛津义久享年七十八岁，德川家康享年七十四岁，毛利元就享年七十四岁，伊达政宗享年六十九岁，松永久秀享年六十七岁（自杀）。可见当时不乏六十七岁以上还很活跃的武将。

第二，就是光秀在侍奉信长之前的前半生。

在检视有关本能寺之变的人际关系之中，光秀的前半生其实是很重要的一个部分，我将在下一章通过历史搜查的手法，明确各种事实。但在《明智军记》中，光秀出身于美浓明智城城主一系，在明智城陷落后出逃，辗转各

---

① 即"征夷大将军"的略称，最初是大和朝廷为对抗虾夷族所设立的临时的高级军官职位，其衙门称"幕府"。在以封建武士为核心的幕府政治体制确立之后，征夷大将军在很长一段历史时期内成为日本掌握实际政权的最高权力者，其名义上取得天皇授权，实际上以军事力量实行封建统治。

本能寺之变

国后开始侍奉朝仓义景。

　　光秀是斋藤义龙的家臣、土岐氏后裔东美浓明智城城主光安的侄子。弘治二年（一五五六）义龙的嫡子龙兴背叛义龙，攻打明智城。明智城虽被攻陷，光安把儿子弥平次光春、侄子次郎光忠托付给光秀后让他出逃。

　　光秀辗转各国之后，在越前停留，接受了朝仓义景给他的五百贯领地出仕于他。永禄五年（一五六二）朝仓领地内发生一揆，光秀等人大展身手消灭了一揆。永禄八年冬，朝仓义景开始疏远光秀，到永禄九年十月，光秀向义景请假前往美浓的岐阜。因为光秀与信长的正室（浓姬）是表兄妹，信长便起用了光秀。光秀在永禄十年（一五六七）信长的伊势平定战里一展身手。

大致内容便是这样的。但在此之前，从未有过像这样详细描写光秀前半生的书籍。这是光秀死后一百多年才首次出现的内容。仅此就已经十分古怪，更要命的是里面有太多与事实不符的内容。

　　首先，斋藤龙兴背叛义龙就不是事实。其次，在光秀流浪各国之时所访问的各地中，出现了当时不应该存在的领主。最后，永禄五年在朝仓领地内并没有发生一揆，永禄十年信长也没有攻打伊势。这些都是在历史研究领域里已知的事实。顺便说一句，在历史剧里面常出现的浓姬和光秀为表兄妹一事应该也是虚构的。这无疑是为了让信长和光秀直接产生联系的做法。

《明智军记》里所写的内容广为现代人所知的原因和《太阁记》一样。司马辽太郎所作《国盗物语》正是采《明智军记》所说，且成为畅销书的，加之以《国盗物语》为原作改编的大河剧在一九七三年播出。《明智军记》里的故事就这样在日本流传开来。

被人为赋予权威性的细川家记

就这样，尽管《明智军记》被定位为所谓"俗书"、"俗说"的典型，但不可思议的是，连历史研究领域也认同"光秀在明智城陷落之时逃出，后来出仕于朝仓义景"的说法。除此之外，细川家在《明智军记》五十多年后的延享三年（一七四六）编撰的《绵考辑录》也发挥了很大作用。

《绵考辑录》是记载了熊本藩细川家自细川藤孝①以

---

①　细川藤孝（1533—1610），日本战国时代至江户时代初期的武将和大名，近世大名肥后细川氏的家祖。

来历代领主事迹的正史。因为这本书是被细川家当作正史来编撰的，所以具有相应的权威性。

这本书里也写着和《明智军记》一样的内容，即光秀是代代住在美浓的土岐氏后裔，在明智城陷落时出逃，后出仕于朝仓义景。此书也和《明智军记》一样，说光秀与信长正室是表兄妹关系，正是因这层关系，从朝仓义景处离开的光秀才出仕于信长。

书中还有《明智军记》中没有的内容：光秀最先向藤孝提出在足利义昭①逗留越前之际游说其转投信长，由此在永禄十一年（一五六八）六月，藤孝随同光秀与信长见面。

可是，这段记述极其可疑。信长在永禄二年（一五五九）就已上洛谒见第十三代将军足利义辉。此时藤孝作为义辉的亲信早已和信长见过面。而且，永禄八年逃至近江的足利义昭向信长发出助其上洛的请求，信长又通过藤孝向其做出承诺。不管怎么看，藤孝和信长之间的关系都完全不需要通过光秀来介绍。

而且，认定《绵考辑录》说谎造假的决定性证据是：

---

① 足利义昭（1537—1597），日本室町幕府第十五代（最后一代）将军，曾流落于各大名处以求复兴室町幕府，但都没有成功，后在明智光秀的介绍下投奔织田信长。1568 年，在信长的协助下上洛，正式成为室町幕府第十五代征夷大将军。

《绵考辑录》里明确写着书中有关藤孝的记录是从《明智军记》中引用的，并且做了加工。如果《明智军记》的记述是漏洞百出的话，那《绵考辑录》也就没有可信度了。

细川家如此故意虚构情节，说光秀出仕过朝仓，而且说他是比藤孝还要接近信长的人物，是有其理由的。其中直接涉及本能寺之变的内容在后文会详细讲到，在此只能认为这是出于隐藏藤孝和光秀的真实关系及其亲密程度的动机而做出的伪装。

曾任东京大学史料编纂所编纂官、国学院大学教授、历史学会会长，被认为是战国史研究泰斗的高柳光寿事实上正式承认了"侍奉朝仓说"。

高柳在昭和三十三年（一九五八）写的《明智光秀》中，丝毫没有提及《绵考辑录》引用《明智军记》一事，却直接援引了《绵考辑录》中的记述，用"虽未有确证，但也不是完全不能认为这也许正是事实"这种极其微妙的委婉措辞肯定了光秀曾侍奉朝仓义景一说。

由此，"明智城陷落说＋侍奉朝仓说"就在历史研究的领域里成为定论。高柳在《明智光秀》里还特意写道，《明智军记》是本"充满谬误的恶书，我不会引用其中有关光秀经历的部分"。然而，定论的根据就是从这本"恶书"中来的。

巩固定论的高柳光寿神话

如上所述，军记物所写的故事作为通行说法广泛流传，其背景之一便是，历史学界也将其作为定论而正式承认，这产生了巨大的影响。我将此现象称为"高柳光寿神话"。

高柳光寿的《明智光秀》是五十多年前出版的。在所谓道德史观仍占据支配地位的当时看来，这是一本划时代的著作。在现在的书评里还能发现诸如"明智光秀研究的奠基之作"、"内容逻辑严密、很科学"等高度评价。一直以来，该书对于相关研究者来说都是如同《圣经》般的存在。

高柳于大正五年（一九一六）起就职于东京大学史料编纂所，之后，作为编纂官负责《大日本史料》中安土桃山时代部分的编纂工作。《大日本史料》是按照编年体摘编收集与当日史实相关的各项史料记载的文献，可谓研究者的必需品。

《明智光秀》一书，正是高柳把编纂《大日本史料》时所掌握的当时编纂所的历史观以及知识集大成所作。也就是说，到现在仍为战国史研究者们所信赖的两部书——《大日本史料》和《明智光秀》是在同一视角下写成的，两者一脉相承。也可以说，现在的研究还没有脱离近百年前所理解的"明智光秀形象"和"本能寺之变形象"的藩篱。

那时正是昭和十二年（一九三七），时局正朝着中日间爆发战争的趋势转变。这个时代的日本国家英雄是丰臣秀吉（羽柴秀吉）。他因曾实行"入唐"①而被当成侵略中国的榜样，他的形象正好完全符合当时日本推行的国家政策的需要。因而秀吉的神话被塑造起来，秀吉的声望也随之高涨。

这恐怕多少影响了历史学内的丰臣秀吉研究。因为在当时秀吉已被神化，批评他的研究根本就无法进行。这恐怕也导致了没人追问《惟任退治记》里的重要寓意。

而问题存在于仍在继续盲从高柳学说的现代研究之中。比如，只要把短短二十页的《惟任退治记》通读一遍，应该马上就能明白它是作为秀吉的宣传书而被撰写出来的作品，也就能明白不论是其中的"怨恨说"、"野心说"还是"单独犯罪说"，都是在这一宣传意图之下被编写出来的。再比如，只要翻开《绵考辑录》，阅读里面有光秀出场的十行左右的记述，任谁都能发现里面清清楚楚

---

① 1591 年，丰臣秀吉以"假道入唐"为名义，致函朝鲜国王，表示将于次年春天借道朝鲜进攻明朝。次年，丰臣秀吉发动了侵略朝鲜的"万历朝鲜之役"（又称"元禄、庆长之役"）。

写着这部书就是参考《明智军记》而写的。

从这个状况来看，和过去绝不允许被冒犯的秀吉神话一样，现在看似也存在高柳光寿的神话。而受此影响，有关明智光秀及本能寺之变等研究的根源就是扭曲的，而且一直未被指正。

接下来，我将总结一下目前的研究里存在的问题。

一　对军记物的依赖

江户时期的军记物只不过是故事而已，其记述没有作为史实的可信度，这应该是历史学的常识。高柳在《明智光秀》中也屡次指出军记物的可信度很低。

可结果是军记物里写的内容被当作史实。被指出有"很多错误"的军记物里的某些特定的记述被认为"还是有些不错的内容"继而被采信。这很明显就是双重标准，按照自己的方便而区别对待。然而，很多研究者都对高柳的学说不加批判地盲目引用，致使《明智军记》和《川角太阁记》的内容依旧作为史实通行无阻。

恐怕这是因为军记物提供的"故事"方便证明自己的主张吧。哪怕是对于史料的使用非常慎重的研究者，面对本能寺之变这一事件，也不可思议地出现了可谓带有"军记物依赖症"的情况。

这是因为研究者们只把《明智光秀》和《大日本史

料》等书里采用的记述作为自己的研究材料，而并没有去读最原始的史料。只要通读一下《川角太阁记》，就不可能不明白作为研究者还引用此书的内容是多么耻辱的事情。

正如前述，《惟任退治记》或《绵考辑录》并未被研究者们通读，而《言继卿记》、《家忠日记》等未被采用的文献中却存在十分重要的记述，而这些记述仍在被忽视。如果只把《明智光秀》和《大日本史料》作为研究材料，是不可能有目前“定论”以外的发现的。

二　对光秀出身及前半生的错判

光秀在美浓明智城陷落之际脱身逃往越前，侍奉朝仓义景（明智城陷落说＋侍奉朝仓说），后来出仕于织田信长，就足利义昭的上洛与信长斡旋，义昭上洛后，他同时为信长和义昭两方效力（信长、义昭两方从属说）。现在的本能寺之变的研究基本以这些说法为前提，完全受限于高柳以之作为定论来撰写的《明智军记》里的虚构情节。因此，对解开本能寺之变真相的最基本问题的认识本身就一直存在微妙的偏差。

三　对动机层次的误判

代替了“怨恨说＋野心说”被提出的是“颜面尽

失"、"出人头地的希望没有了"、"突发性、冲动性的"、
"遭人挑唆"、"浪漫主义作祟"、"出于忠义之心"等种
种动机论。这些动机都属于光秀私人感情的层面。拿报纸
上的报道来打比方的话，以上无论哪个观点都只能属于社
会版的新闻。

身负一族存亡和兴衰的武将，不可能出于这种层次的
原因决定谋反。而秀吉却故意将政治事件写成报纸上社会
版里的刑事案件，让光秀因怨恨和野心决定谋反——即便
没有成功的把握也贸然决意实行谋反。高柳公开认此为定
论，导致了研究者们依旧停留在社会版新闻的层次上考察
本能寺之变。大概可以将此称为"社会版史观"吧。

比如，最近研究者中有人提出，四国问题是谋反的原
因。光秀曾居间调停，让信长和四国的长宗我部家建立了
友好关系。而后信长与之关系恶化，改变政策准备征讨长
宗我部。研究者认为，此事让光秀"颜面尽失"。

其实，有关四国问题，高柳在《明智光秀》一书中
已论述过。高柳称光秀因此次事件"开始察觉到等着自
己的并非辉煌的前景"，也就是说光秀从此开始认为自己
发迹无望。由此看来，不论是五十年前还是现在，研究者
们所掌握的动机层次根本没有变化，仍是那种"社会版
史观"。

谋反一旦失败就要面临灭族之灾，这种悲惨的先例要

多少有多少。冒这种险需要两个必要条件。第一，认为自己处在如果不谋反就将遭到灭族的危机里。如果没有这种觉悟，是不可能冒着灭族的危险而谋反的。第二，对于谋反有胜算。如果谋反不成功的话，就没有发动谋反的意义。

被迫做出像这样重大的投资决策的企业经营者应该能很好地理解这一点。他们为了企业这个组织的存续以及繁荣，在公司运营时会严格地审核企业的投资效果以及实行计划的妥善性。很明显目前为止的研究是欠缺这种合理视角的。

四　在研究谋反的经过时偷工减料

虽然关于谋反动机有各种各样的学说，但是它们并没有阐明任何谋反的实施过程。正如警方搜查必须弄清犯罪动机和犯罪过程一样，仅有动机论是不足以揭开谋反全貌的。

可是，"疏忽大意说＋偶然事件说"里完全没有对其过程的说明。这些说法把全部事情都当成偶然来处理，从而回避了对实施过程的说明。

结果，他们得出了光秀是因"无谋"而失败的这个结论。这种逻辑大概就是将失败的一方武断地说成"无谋"之人。他们忘了谋反有个必然的前提，那就是谋反者肯定有谋反成功的把握。

有研究者提出"种种情由使光秀偶然地跃上谋反的台阶",但"跳跃"的不是光秀,而是这些即使从各种角度考虑还是无法找到合乎情理的解答的研究者们的逻辑。

五 毫不关心政治意图

从《惟任退治记》是羽柴秀吉命人撰写一事来看,就该想到此书的内容必然迎合他的政治意图。将此书内容原封不动地当成史实来看待的人,可以说是"太单纯"或是"不懂政治"。

至今都没人怀疑过,秀吉的宣传书籍中《爱宕百韵》的发句"如今正是好时机,土岐五月统天下"是遭到窜改的版本,也没人留意过《绵考辑录》里怀有某种意图的记述。武将所写的书信等也是一样,根据收信人与所写之事的不同,写假话也是有可能的。而现在仍然缺乏能够看到以上这些问题、能够明白武将的政治意图的观点。

在生存状况严苛的战国时代,武将们为了生存,除了在战场上全力战斗,还要倾其才智讲求计谋。如果将此称为谋略的话,可以说武将们将谋略发挥到了极致。虽然也有研究者主张"本能寺之变中没有谋略",但这不是将生活于残酷时代的战国武将们当成老好人就能解决的问题。

武将的大脑资料库里应该储存着在战国生存下去的

丰富的经验、知识和强大的逻辑。现代人用自己头脑中贫乏的战国资料库去推测战国武将的思维并由此得出解答，这样做是蛮不讲理的。现代人若是轻率地进行片面推断，不管是对武将还是对历史，不都是很傲慢的态度吗？

第2章
与定论不一样的光秀经历

将军义昭的足轻众[①]

要弄清光秀如何走到谋反这一步，需要理解光秀有怎样的人生经历。可是，有关光秀个人经历的定论基本都是错的，按照错的人物形象怎么可能推导出正确的答案？光秀真实的人生经历又是怎样的？我将在可信度较高的史料所能够认定的事实范围内，集中阐明这一切。

《群书类从》[②] 里所收录的《永禄六年诸役人附》，是足利幕府官员的名册。因为永禄六年（一五六三）的

---

① 足轻是日本平安时代到江户时代的一种步兵，地位较低。足轻大致分为足轻大将（又称足轻头、足轻大头）、足轻小头（又称足轻组头）以及足轻众。足轻众即普通的足轻士兵。

② 江户后期塙保己一（1746—1821）等编纂的以文学、历史为主的丛书。全书正编 530 卷，666 册，收古书古文 1273 种；续编 1000 卷，1185 册，收古书古文 2103 种。

将军是第十三代将军义辉，所以这个"诸役人附"是出仕过义辉的官员名册。

　　其中足轻众一项里有"明智"这个名字。虽然有研究者以此为依据主张"光秀曾出仕于义辉"、"在义辉被暗杀以后，他前往越前侍奉朝仓义景"，但事情并非如此简单。因为这本官员名册是经过续写的。以御供众、御部屋众、申次①为始，以足轻众为止的前半部之后，还有从御供众开始到关东众②为止的后半部，而这后半部则为续写。"明智"一名正出现在后半部的足轻众之中。

　　前半部是将军义辉时代所著一事非常容易得到确认。因为在前面所谈到的《言经卿记》中那位在日记中认真记录天气的山科言经的父亲——大纳言③山科言继所著的《言继卿记》之中，永禄八年（一五六五）的记录中出现的将军义辉的家臣也被收录在该名册的前半部里，而名字完全一致的有十四人。

　　那么，名册的后半部是何时所作？虽然后半部并未标

①　均为室町幕府官职名。御供众指侍奉将军出行的幕府人员。御部屋众由将军的同族担任，轮番负责将军居所的晚间守卫，其地位介于御供众和申次之间。申次又称"奏者"，负责向将军报告前来拜谒的将士姓名，同时处理相关杂务。
②　包括被室町幕府承认的关东、奥州地区诸大名。
③　日本律令制时代借中国的纳言之名，设大纳言、中纳言、少纳言，作为太政官的属官。大纳言是太政官的次官，官位相当于三品、四品。

明其写作时间，但还是有线索可寻的。如果前半部里记录的那十四个人中，有一个人出现在了后半部的话，那么后半部毋庸置疑也是义辉时代的产物。相反，如果一个人都没有出现的话，那名册就是义辉时代以后的。为什么这么说呢？因为《言继卿记》永禄八年的记录中，记述了义辉被三好三人众①暗杀一事，其中出现的那十四人乃是和义辉一起战死的家臣的名字。

因此，我调查了名册的后半部，发现与义辉一起被杀害的家臣中无一人出现在名册的后半部。也就是说，后半部肯定是在义辉死后才写成的。

那么，后半部是不是义辉之后的第十四代将军义荣②的官员名册呢？并非如此。因为义荣是暗杀了义辉的三好三人众所拥立的将军，所以名册并未由他继承，而是由后来成为第十五代将军的义昭所继承。

义昭乃义辉之弟，义辉遭暗杀时，他正在奈良兴福寺一乘院中出家，法号"觉庆"。觉庆被义辉的近侍细川藤孝救出后，经历还俗、元服③，改名为义昭，与织田信长

---

① 指日本战国时代阿波三好氏一族的三名武将：三好长逸、三好政康与岩成友通。1565 年 5 月 19 日，这三人与松永久秀联手在二条城杀死了室町幕府第十三代将军足利义辉。

② 足利义荣（1538—1568），室町幕府第十四代征夷大将军，后病死。

③ 指日本奈良时代以来男子的成人礼，通常在 11～17 岁完成。

一起上洛成为第十五代将军。

　　前半部和后半部之中，细川兵部大辅藤孝①的名字都以将军近侍的御供众身份被载入其中，这正是《永禄六年诸役人附》是从第十三代将军义辉直接传到第十五代将军义昭手中的最有力证据。因为名册中出现了未与义荣、三好联手的藤孝之名，所以很明显名册的后半部是义昭的家臣名册。其中的足轻众里可见"明智"一名，说明了光秀曾是出仕于足利义昭的幕府官员。

　　所谓足轻，并非指骑兵，而是步行作战的武士。光秀可说是其所在部队的队长一样的人物，是幕府官员中的小辈，跟作为御供众的细川兵部大辅藤孝相比，其差距就好像公司的干部和普通职员之间一样。

　　那么我们是否能断定这个只记载了"明智"这一姓氏的人就是光秀呢？

　　一般认为，可信度较高的史料中对光秀之名的最早记载，是《信长公记》中关于本圀寺防卫战的记录。此次战役发生于永禄十二年（一五六九）的一月四日，在本圀寺投宿的足利义昭遭到了三好三人众等人的袭击。《信

---

　　①　即细川藤孝。兵部大辅是官名，战国时对武将的称谓一般采取苗字（姓）加上官职或通称再加上名，或者苗字加上法号的形式。后面出现的"竹内治部少辅"、"三渊大和守"、"曾我兵库头"等均是此种情况。

长公记》中，明智十兵卫等十三人作为据守本圀寺而战的人物，名字被记录下来。明智十兵卫就是光秀。此外，这十三人之中的野村越中守的名字也出现在了《永禄六年诸役人附》的足轻众中。

山科言继在《言继卿记》中写道，因本圀寺的袭击，"武家御足轻众以下二十余人战死"。此时义昭一方的主要战斗力是武家（幕府）的足轻众，也就是说光秀便是作为其中一员在《信长公记》中登场的。

凭此记录，足轻众的"明智"就是光秀的盖然性就增大了。此外，还有人明确地写过"光秀曾是足轻"。他就是耶稣会传教士路易斯·弗洛伊斯。

弗洛伊斯于足利义辉时代永禄六年（一五六三）来到日本，与切支丹大名①等有过亲密的交往，特别是与信长的交情很深，很清楚信长周围的信息。

本能寺之变四个月后的天正十年十月，弗洛伊斯在向耶稣会本部发出的《一五八二年日本年报追加》之中有如下记述：

（光秀）曾是下贱的步卒。（村上直次郎译《耶

———————

① 又称"吉利支丹大名"。"切支丹"或"吉利支丹"是天主教的葡萄牙语音译。指战国时代到江户时代初期信奉天主教并受洗的大名。著名的切支丹大名有大友义镇（宗麟）、高山重友（右近）等。

稣会日本年报·上》)

"步卒"一词是弗洛伊斯将日语译成葡萄牙语后，经译者村上回译的日语，因为足轻是"步行作战的武士"，从意思上来看，"步卒"所对应的日语原文应该就是"足轻"。

弗洛伊斯从永禄八年（一五六五）到天正四年（一五七六）的十一年间在畿内①进行传教活动。其传教活动一开始得到了足利义辉的许可，后来随着义辉被暗杀，他离开京都避难，再后来随着义昭上洛又再次得到了传教的许可。因为他很可能与义辉、义昭的近侍藤孝等幕府官员有过各种接触，所以可以认为他那时就知道与光秀有关的事情。

细川藤孝的"中间"

那出仕足利义昭以前的光秀又做过什么呢？

永禄六年（一五六三）的幕府官员名册的前半部里没有光秀的名字，这说明光秀没有出仕义辉。

① 指日本古代令制国的山城、大和、河内、和泉、摄津五国，约相当于今奈良县、京都府南部、大阪府大部以及兵库县的东南部区域。

本能寺之变

　　将有可信度的史料大致梳理一遍的话，可知明确提到光秀曾经出仕过某人的人只有两个。两个人的证言中，光秀侍奉的都是同一人。两人中的一人是兴福寺多闻院的院主英俊。他在光秀死后不久的天正十年（一五八二）六月十七日的《多闻院日记》中有以下记载：

　　　　光秀曾为细川兵部太夫的中间，经信长提拔发迹。

　　所谓"中间"，指的是联系足轻和小者（打杂、跑腿）的中间人。这一证言也就是说，光秀曾作为身份很低的中间在细川兵部大辅藤孝手下工作过。

　　另外一个人则是路易斯·弗洛伊斯。弗洛伊斯将自己在日本的体验和见闻写成《日本史》一书，书中这样写道："他（光秀）本非高贵出身，在信长治世的初期，曾侍奉过幕府府邸中名叫兵部太辅的贵人。"（松田毅一、川崎桃太译《全译弗洛伊斯日本史》）

　　弗洛伊斯还写道："（光秀）一开始效力于将军府邸的兵部大辅，也就是细川藤孝。"

　　综合英俊和弗洛伊斯的证言，可得出"光秀曾作为中间侍奉过细川藤孝，后又成了足轻"的结论。

　　宽文四年（一六六四）去世、寿享百岁的医生江村专斋，在本能寺之变时还是个少年。《老人杂话》记录了他说的话，其中也写着"光秀一开始是藤孝的家臣"。另外，肥前平户藩主松浦镇信在元禄九年（一六九六）编撰的《武功杂记》中也写着"明智曾是细川藤孝的家臣"。恐怕到江村专斋和松浦镇信还活着的十七世纪为止，光秀侍奉过藤孝一事是广为世人所知的常识。

光秀曾是侍奉藤孝的低级家臣这一事实，从未见于迄今为止的定论当中。究其原因，就是因为细川家出于某种意图将该事实彻底封存了。前文提及的细川家记，也就是《绵考辑录》的记述就是最具说服力的证据。

成书并出版于元禄六年（一六九三）并被广泛阅读的《明智军记》，以及延享三年（一七四六）成书的作为熊本藩细川家正史并极具权威性的《绵考辑录》，改变了此前的世间常识。

但是，同时代的人都曾证明的光秀曾经出仕于藤孝这一事实，对之后的本能寺之变中光秀和藤孝的关系有重要的意义。如果忽视此事，那么自然就寻不到本能寺之变的真相了。

那么，光秀为什么会从藤孝的中间变成了幕府的足轻众呢？

左右光秀命运的事件发生于永禄八年（一五六五）的五月。松永久秀和三好三人众暗杀了将军义辉。在许多

本能寺之变

幕府家臣战死的同时，其他人也失去了本该侍奉的主君。虽然藤孝等人在近江起兵，认为应拥立义昭作为义辉的后继者，但将军一职一直空缺，义昭能否继承将军职位仍是无法预估的。因此，幕臣分化为追随义昭前往近江的人和继续留在京都的人。

义昭一逃到近江，很快就向上杉谦信、武田信玄、朝仓义景、织田信长等各地武将发出了支持自己继承幕府的请求，在十月就施行了发布内书①及禁制②等发挥幕府机能的举措。可是，义昭这个只得到一部分旧家臣追随而自称的"幕府"极为缺乏人才。

前述《永禄六年诸役人附》的后半部，说明他们曾为了弥补这一缺陷进行过大批的人才录用。后半部中有很多人的名字不曾出现在前半部中。十三名御供众中的十人，十五名御部屋众中的十一人，六名申次中的两人，十四名足轻众中的十人都是新面孔。他们都是新录用的人才。

可以认为，曾担任藤孝的中间的光秀也是在此时被录用为足轻众的。为了填补人员的空缺，藤孝把曾为自己家臣的光秀塞了进去。

---

① 又称"御内书"，是室町幕府将军配发的私人信件形式的公文。
② 指镰仓时代以来幕府和大名为了保护和管理寺院、神社等所颁布的载有法令和禁止事项的通告。

弗洛伊斯证言的可信度

就《永禄六年诸役人附》的后半部的成书时期，黑嶋敏在研究论文《读〈光源院殿御代当参众并足轻以下众觉〉》中，得出在"永禄十年二月至十一年五月"之间成书为妥的结论。因为在名册的外样众①中写着"织田尾张守信长"和"三好左京太夫义继"，从信长称尾张守的时期和三好义继与足利义昭联手的时期可推断得出以上结论。

足利义昭在永禄九年（一五六六）八月，前往若狭②投奔妹夫武田义统，九月又转去越前③投靠朝仓义景。由于义昭在永禄十一年七月为图上洛前往美浓之前一直留在越前，故而这个名册的后半部应该是其停留在越前期间所作。

前半部中，名册中记载的全员的姓和名都是完备的，可后半部中的十四名足轻众中，包含光秀，只记载了姓氏的就有六人之多，给人以匆忙写就的印象。在临近有希望

---

①　室町幕府的一种称号。此处指足利义昭所统合的构成室町幕府的诸大名。

②　日本古代令制国之一，约为今福井县南部。

③　日本古代令制国之一，约为今福井县北部。

与信长一同上洛的永禄十一年五月，这可能是为了完善幕府的形式而赶制出来的。

不论怎样，这个名册都是在义昭上洛之前写成的。这说明光秀是在上洛前成为新幕府的足轻众的。

可是，重读弗洛伊斯的《日本史》，弗洛伊斯写的是光秀曾经"在信长治世的初期"出仕于细川藤孝。所谓"信长的治世"，当然是指上洛之后。上洛后的初期，光秀还在为藤孝效力。这是不是弗洛伊斯的记忆出错了呢？

如果是这样的话，光秀曾侍奉细川藤孝一说本身也有记忆出错的可能性了。这看似过分执着于细枝末节，可证据的可信度其实正是历史搜查的关键。所以，我尝试检验了这些证言的可信度。

首先，我确认了有无日语误译的可能性。我考虑有没有可能葡萄牙语的原文并非"信长治世的初期"，而是"信长治世之前"呢？我咨询了日语译本的译者，他回给我附有葡萄牙语原文的回答，我得以确认原文写着的确实是"信长治世的初期"。如果这不是误译，那果然是弗洛伊斯记错了吗？

突然，我想起了前面所说的黑嶋敏的研究论文的标题。其中提及的并非《永禄六年诸役人附》，而是一个更长的标题。黑嶋在调查了《永禄六年诸役人附》的诸版本后，查明名册的正式名称是那个更长的标题。这个名册中有数行小序，最后确实写着"光源院殿御代当参众并足轻以下众觉"。据说《永禄六年诸役人附》这个名称是在《群书类从》收录时，编者所附上的名称。

　　因为光源院是足利义辉的戒名，该名册正式名称的意思是"义辉将军时代的当参众和足轻以下众的名册"。一般将直属幕府的御家人①称作奉公众，但也有称作当参奉公人的说法，故而可认为当参众和奉公众是同一个意思。这样的话，这个名称是否意味着，奉公众与足轻以下众的待遇有不同呢？所谓奉公众，依照名册前半部所写顺序，从御供众、御部屋众、申次、外样诘众、御小袖御番众、奉行众、同朋众，到御末之男②为止，也就是说并不包含足轻众。

　　其实，它们的不同就在于雇佣方式不一样。镰仓时代确立的"御恩和奉公"的关系是从主君处得到土地而结成主从关系的武士，为了报答御恩（主上的恩情）而奉公（履行义务）的关系。"一所悬命"这个词表达的就是

---

①　本义指与将军直接保持主从关系的武士，后词义多有演变。室町幕府并没有采用历史上的御家人制度。后世常常将室町幕府的奉公众称作御家人。

②　均为室町幕府官职名。诘众是常伴将军身边的近侍和警卫。番众又称"番方"，与诘众相同，也是常伴将军身边的近侍和武装警卫。奉行众又称"右笔方"，执掌法律。同朋众负责将军身边的杂务及娱乐。御末之男即御末众，是负责杂役、警卫等的下级武士。

堵上性命也要维持所得土地的意思，武士以所得土地之名为自己的姓氏也是同类表现。

另外，足轻是以应仁之乱①（一四六七年至一四七七年）为契机活跃起来的新型战斗集团，西股总生在《战国的军队》一书中写道："他们为金钱而战，在战场上轻装疾驰，负责放火和掠夺，是由非武士身份的人所构成的非正规部队——这就是佣兵性质很强的集团足轻的本质吧。"也就是说，足轻得不到土地，而为金钱所雇用。弗洛伊斯曾说光秀是"下贱的步卒"，"下贱"这个表达就意味着这种雇佣方式。

如果说光秀并非从足利义昭处得到土地，而是作为侍奉细川藤孝的陪臣而成了幕府的足轻众，那他确实是"在信长治世的初期"侍奉过细川藤孝。如果是这样的话，那官员名册和弗洛伊斯的证言就不矛盾了。

如此这般严密地来考察当时的主从关系和土地给付关系的话，有关后面要讲的光秀和义昭、信长缔结主从关系的时期也会有和定论不一样的答案。

那么，在编集流传下来的连歌而成的《连歌总目录》

---

① 日本室町幕府的一次内乱。主要是在第八代将军足利义政任期内幕府管领细川胜元与四职之一的山名持丰等守护大名之间的争斗。除九州等部分地区以外，战火几乎遍及日本国土。动乱导致日本进入战国时代。

中，有在上洛仅两月后的永禄十一年（一五六八）十一月十五日，藤孝、光秀、连歌师绍巴等人和亲王以及公家一起咏连歌的记录。一直以来，最早记载光秀的史料被认为是《信长公记》中永禄十二年（一五六九）一月的本圀寺合战的记录；而《连歌总目录》中的记录是比该记录还要早两个月的史料。

在有亲王参加的连歌会中，足轻众光秀也得以同席，这果然还是因为他有奉公众藤孝的家臣这一身份吧。另外，此时藤孝曾高度评价过光秀的文化修养。藤孝无疑是说光秀具备超越单纯作为足轻众的才能。

作为幕府奉公众而出人头地

在永禄十一年（一五六八）九月上洛之时，光秀还只是侍奉细川藤孝的一名足轻众，可之后，他作为幕府的官员迅速地出人头地。

有记录证明了这一点。一年半后的永禄十三年（一五七〇）一月二十六日，公家山科言继给各路幕府奉公众致新年礼（《言继卿记》），其中就出现了光秀的名字。也就是说，光秀已经从足轻众升为了幕府直属的奉公众。

所谓"路次次第"，就是按路顺次探访之意，《言继卿记》中的记录为："竹内治部少辅、三渊大和守、同弥四郎、一色式部少辅、曾我兵库头、明智十兵卫、摄津守、大和治部少辅、朽木刑部少辅、竹田法印、同治部卿、荒川与三……"

除光秀以外，其他人全部是《永禄六年诸役人附》中作为御供众和御部屋众的人物，光秀已经晋升至与他们平起平坐的高位了，同时亦可知他的居所也在公家及幕府重要人物所居住的最高级地区。另外，因为大和治部少辅和朽木刑部少辅的居所被特别标注了"下京"，也就可知光秀居住于上京。也就是说，曾经连普通职员都算不上，充其量也就是派遣职员的光秀一举跃升至干部级别。

另外，此记录又再一次证明《永禄六年诸役人附》中足轻众的"明智"就是光秀一事。因为在仅仅一年半的时间里，很难想象同一幕府内还有其他叫明智的人。

就这样，尽管有明确证明光秀为幕府奉公众的证据，但定论无视了这一点，光秀被认为既侍奉着信长同时也是义昭的家臣，也就是所谓的"信长、义昭两方从属说"。

这是因为细川家的家记《绵考辑录》，以及作为其源头的《明智军记》中写着"义昭、信长上洛时光秀已是信长的家臣"。而且，高柳拘泥于此记述，在《明智光秀》一书中写了如下文字，将此说法变为了定论。

可以将义昭（在永禄十一年上洛前）前往美浓

时光秀已经是信长的部下一说看作事实。

《大日本史料》在该时期的记录中特意标注了"织田信长的将领明智光秀",可是其中却不见上述《言继卿记》永禄十三年一月拜访奉公众的记录。正是九十年前《大日本史料》编撰者的迷思让明智光秀的研究产生了混乱。

信长拥奉义昭上洛,建立政权后,在义昭、信长的双重政权下,任何事情都采取幕府和信长共同统治的形式。在这个双重政权里,光秀作为幕府的行政官员与信长方共同执行政务。在排除了先入为主的观念后再读史料,自然就可以明白这一事实。

首先,早在本圀寺事件三个月后的永禄十二年(一五六九)四月,就已经有秀吉、光秀联署的给贺茂庄中的信件,秀吉、丹羽长秀、中川重政、光秀联署的给公家立入左京亮①的信件,以及给宇津赖重的信件发出(奥野高广著《增订织田信长文书研究》)。

因为有和信长家臣共同署名的联名信,所以就将光秀视为信长家臣的想法是不对的。为了保证信长和幕府两方的共同承认,所以有很多文书都是由信长家臣和幕府奉公

①　即立入宗继。

众两方联名签署的。在《大日本史料》中，也有如永禄十二年三月二日的多田院文书（信长家臣佐久间信盛、森可成、峰屋赖隆、柴田胜家、竹内秀胜等与幕府奉公众和田惟政联署），十月九日的阿弥陀寺文书（奉公众细川藤孝和信长家臣明院良政、木下秀吉联署）等文书的记载。故此可将光秀的联名信视作他以奉公众的身份来签署的。

《言继卿记》里记录了在永禄十二年六月和七月，信长方的朝山日乘和光秀共同处理应对朝廷的事务。永禄十二年七月六日的《言继卿记》里写道，日乘被信长任命为伊势知行①，此时日乘肯定已经成为信长的家臣。信长应该是为了处理与朝廷的协调事务，起用了与公家九条家有关系的日乘。

光秀也是因为与朝廷的关系而被起用的。有记录显示，永禄十一年（一五六八）十一月光秀和亲王、公家等一起吟咏连歌，这可能意味着光秀凭借连歌在朝廷中颇有名气且为人所识。

六月二十日，言继拜访了日乘，在询问有关东寺的委托事项时，日乘曾答"几度向光秀提出此事却未得回

---

① 伊势是日本古代令制国之一，约为今三重县中北部以及爱知县和岐阜县的一部分。知行意为领主对土地的支配权。

应"。七月二十日言继又向日乘和光秀提交了关于立入左京亮的书信。由此得知，在这一时期，光秀作为幕府方，而日乘作为信长方的代表，共同承担着与朝廷协调的任务。

这样解释的话，信长在次年永禄十三年（一五七〇）一月二十三日发出的条书①收信人为日乘和光秀的理由也就很明显了。该条书共五项，内容为信长对义昭的谏言：要求幕府将军在以御内书的形式向各地发布命令时必须与信长协商并附上信长的书信；废除以往的命令并需重新加以考虑；如幕府没有土地可用于对尽忠之人的赏赐与褒奖，可根据义昭命令从信长领地下划分给予；天下政务既已委托给信长，无论是谁，都可不获义昭许可而直接请示信长处理；对宫中事务，幕府必须事无巨细小心处理。

条书中还盖有义昭的印，形式上是获得了义昭承认的。那为什么收信人会是作为家臣的日乘和光秀呢？这让人心存疑惑。

可是，如果考虑到这二人是幕府和信长面向朝廷的窗口，以及最后第五条的内容是义昭保证对朝廷采取万全应对的话，我们就可以知道这其实是信长和义昭联名向朝廷

---

① 日本古代一种公文形式，用于传达意志、提出要求以及书写法令等。

发出的文件。收信人为日乘及光秀，是顾虑到直接向天皇等朝廷的贵人提出以上要求过于僭越吧。

如此看来，最晚在和秀吉一起发出联名信的永禄十二年四月，光秀已晋升至幕府的直属奉公众，所以可认为到此为止他一直从义昭处获得领地，并且也确实有支持这种观点的史料。

《大日本史料》中，有一封被推定为元龟元年（一五七〇）四月十日所作的《东寺百合文书》，这是东寺为了阻止光秀以幕府命令的名义领有八幡宫领山城的下久世庄，向幕府提出的抗议文书。《大日本史料》的年份推定有误，若将其看作一年前的永禄十二年四月的话，那一切都合理了。

也许义昭很快就将在永禄十二年四月的本圀寺合战中立下功劳的光秀提拔至奉公众，并赐予他下久世庄。光秀一举从藤孝的家臣跃升至义昭的直属家臣。上述文书可认为是东寺为保卫自己的领地而提出的抗议。而且此问题也与《言继卿记》所写的六月言继向日乘提到的有关东寺的委托而光秀并未回应一事相关。东寺也在朝廷方面进行了活动。

并且，此事可看作朝廷和幕府之间失和，并演变成次年一月信长提出五项条书的原因之一。义昭赏赐给光秀下久世庄的问题导致幕府与朝廷之间的关系恶化。故而或许

第三条"如幕府没有土地可用于对尽忠之人的赏赐与褒奖，可根据义昭命令从信长领地下划分给予"正是基于此事。

另外，《大日本史料》中收录的所谓永禄十三年三月二十二日秀吉、长秀、重政、光秀的联名信（《云华院殿古文书》），其实与这四人联署的永禄十二年（一五六九）四月发给贺茂庄中的信件一样，同为永禄十二年的文件。也就是说这可以看作现存最早的光秀作为奉公众参与联署的文件。

可以认为在该时期，光秀先和信长手下的三名武将一起专门负责处理事务，从六月开始又和信长新任用的行政官员日乘搭档。当时的文件中没有记载日期的很多，所以年份的推定也常常出错。因为我们重新考虑了光秀的立场，所以此时期与光秀相关的文件的年份推定也会发生变化。

离开义昭投靠信长

那么，光秀是什么时候离开将军义昭，成为信长家臣的呢？

永禄十三年（一五七〇）一月，信长借对义昭的五项条书，对义昭的行动进行了严厉的劝谏。之后义昭与信

本能寺之变

长之间的隔阂不断加深，在三年半后的元龟四年（一五七三）七月，两人的关系最后以义昭被流放而告终。光秀应该就是在这三年半的某个时间点成为信长家臣的。

因为在以往的定论中，光秀被说成在永禄十一年（一五六八）义昭、信长上京之时就已经是信长的家臣了，所以没有对以上事实的认知。为了更好地论证，我们来确认一下这个时期。

元龟二年（一五七一）七月五日，信长向义昭的亲信上野秀政和光秀提交了一封希望上达义昭的书信（《云华院文书》）。所以可以很清楚地知道，此时光秀仍然侍奉义昭。

之后，幕府军在摄津①展开了对松永久秀和三好三人众等的作战，八月二十八日惨败，和田惟政战死（《言继卿记》）。另外，信长则在八月十八日出征近江，九月十二日火烧比叡山②（《言继卿记》）。光秀作为信长军的一员参与了火烧比叡山之战（《信长公记》）。幕府军大败以及火烧比叡山这两件事很有可能就是光秀侍奉信长的契机。

① 日本古代令制国之一，约为今大阪市中北部以及兵库县东南部。

② 1571 年 9 月在比叡山延历寺发生的一场战役。织田信长进攻了在当时被视为佛教圣地的比叡山延历寺并放火烧毁寺庙，杀死僧人，以及妇女和儿童数千人（说法不一，有数千人、1500 人和 3000～4000 人多种说法）。

信长于出征近江四天前的八月十四日，在给细川藤孝的书信中写道："已了解义昭的各项指示，对其条书的开头部分亦已经三思后细嘱光秀。请向义昭转达此事。"我们可以知道此时光秀已经离开幕府转向信长一方，且还从义昭处接到了某种要求。幕府军负责进攻摄津，而信长军负责进攻比叡山。在这样的分工之下，却只有光秀加入了信长军。义昭和光秀之间大概发生了什么事情，从而双方关系恶化。

光秀在写给义昭亲信曾我助乘的书信（《神田孝平氏所藏文书》）中写道："前途渺茫之身，望当即请辞，替我说服义昭。"此信未注明日期，很明白地表达了请辞之意，也就是说光秀被迫辞职离开了义昭。而这封书信恐怕正是此时写成的。

光秀出于某种原因并未参加幕府军的摄津进攻，反而参加了织田军的比叡山进攻。义昭对此抱有不满，再加上幕府军大败，和田惟政战死，他是否会将此归咎于光秀呢？

之后，信长迅速登庸了无处可去的光秀。《信长公记》中写着，在火烧比叡山后，信长将近江志贺郡①赏给了光秀。土地的给予即意味着主从关系的缔结，所以此时

---

①　在今滋贺县。

光秀正式开始侍奉信长。

观此种种，可以推测光秀在那不为人知的前半生中，和近江坂本以及比叡山有某种联系。

九月二十四日，光秀出征摄津高槻①。次日，幕府奉公众一色式部少辅等人也出征了。这可以看作结束了火烧比叡山的光秀作为幕府军的援军而出征。因为光秀和幕府奉公众采取了分头行动，所以他已经侍奉信长的可能性很大。

另外，《言继卿记》中九月三十日下面记载了光秀、岛田秀满、塙直政、松田主计大夫秀雄联署的向寺院神社征收稻米的通告。岛田、塙都是信长的武将，松田是《永禄六年诸役人附》中收录于诸大名御相伴众②以下的幕府奉公众。看以往联名状的署名顺序，有很多是信长一方在先，幕府一方在后，没有信长方和幕府方乱序联署的例子。所以可以认为，这个联名状是光秀最早以信长家臣的身份签署的文件。

《言继卿记》中，十二月十日一条记载了朝廷向信长发布的命令光秀返还强占的各贵族寺院领地的纶旨③。向

---

① 今大阪府高槻市。
② 室町幕府官职名，负责陪同将军出席宴会及出访。
③ 传达天皇旨意的简便文书，由天皇口述，再由近侍的藏人草拟并送达接受者。

信长发布纶旨，只能意味着朝廷认同光秀为信长家臣。纶旨大意是说在信长给光秀的领地里包含了贵族寺院的领地。这与义昭给光秀的领地里包含了东寺的领地是同样性质的事情。战国的战乱之中，寺院和神社的庄园被武士强行占有，其所有权的管理十分混乱。

综上所述，光秀是在元龟二年（一五七一）九月十二日火烧比叡山之后很快成为信长家臣的，也就是说比义昭被流放的元龟四年七月约早两年。

作为足利幕府的官员，光秀恐怕是最先脱离幕府侍奉信长的人。义昭的第一亲信细川藤孝看透义昭回天无力转而侍奉信长是在元龟四年三月，比起光秀晚了一年半。这个差别可以说就是光秀和藤孝对义昭的情分和忠诚心的差别。

有关本能寺之变的动机，有人认为光秀的目标是复兴足利幕府。可是分析事实以后就知道这是不可能的。如果是一直支持义辉、义昭的足利幕府亲信细川藤孝的话还有此可能，但就从藤孝的中间提拔至幕府的足轻众又最先离开义昭的光秀而言，他对足利幕府应该没有如此强烈的忠诚心和情义。

我认为光秀率先转而侍奉信长的行为，奠定了他在信长政权中的地位。以千秋刑部少辅辉季、伊势贞兴为首，跟随光秀离开义昭，或是因为义昭的流放而归顺光秀手下的幕臣并不少。被信长政权笼络的旧幕臣成了光秀家臣集团的一部分。

在义昭手下，义昭的亲信细川藤孝曾是幕臣的领袖，然而在织田政权下，光秀坐在了统领旧幕臣的位子上。从藤孝的中间被提拔至幕府家臣而得到极大提升的光秀的命运，在这里又将出现一次大转变。

第 3 章

伪造的"光秀信长不和说"

史料中记载的亲密关系

侍奉信长以后的光秀，开始进一步大显身手。

通过进攻石山本愿寺、进攻纪州①、平定丹波等战役，就能看出光秀是在最核心的部分支持着信长天下布武②的战略。信长也高度评价光秀，平定丹波后，与单纯的武将相比，光秀已经作为信长的心腹开始被委任主持重要工作。光秀以与安土城隔湖相望的坂本城为大本营，在武将当中与信长的交流也可谓相当密切，而且是最受信长信赖的人。所以也可以说，他曾作为信长的心腹与之商议

---

① 日本古代令制国之一纪伊国的别称，约为今和歌山县及三重县南部。

② 织田信长的主要政治方针之一，现多解释为"以武力统一天下"或"以武家政权来支配天下"。

过各种问题。

可在通行的说法中，信长和光秀性格不合，而信长遇事就为难光秀，故而光秀深深地怨恨着信长。这种说法的来源便是前面所写的《惟任退治记》中信长临终时的"所谓以怨报恩，也并非史无前例"一文。

但是，在太田牛一写的《信长公记》里，其实并没有任何这样的记载。甚至如下文所述，从《信长公记》的各个场面的记述中都可得知，信长经常高度评价光秀。

首先，书中写信长在天正三年（一五七五）曾希望将仅做了自己三年家臣的光秀晋升为惟任日向守，从而将其安排在朝廷中。这时，同为重臣的丹羽长秀仅得到惟任的赐姓，而秀吉也仅得到筑前守的官职；而光秀两方面都得到了。

在天正四年（一五七六）进攻石山本愿寺时，光秀虽然被派遣出战但陷入苦战，原田备中守（塙直政）战死，光秀逃入天王寺城中却被包围。闻此消息的信长亲自出征，经过激烈战斗，破了天王寺城的包围救出了光秀。信长在这时的奋战可谓十分勇猛，说明他为了救出光秀是多么拼命。

在天正七年（一五七九）的平定丹后①、丹波期间，

---

① 日本古代令制国之一，约为今京都府北部。

信长颁布感状（认定功劳的文件）赞赏光秀的工作，其中对于他结束了长年以来在丹波的战斗表示了最高的赞扬。

天正八年（一五八〇），树立了平定天下目标的信长对家臣集团断然实行了改编，佐久间信盛父子、林秀贞、丹羽右近、安藤守就等老资格的重臣都遭到流放。针对佐久间信盛，信长还亲自写了事由多达十九条的斥责信。第一条和第二条斥责了信盛的无谋，而在第三条中写道："于丹波国，日向守（光秀）之功，威信遍施天下。其后，羽柴藤吉郎之功，数国之中无人可比。云云。"信长在此明确表扬光秀战功第一。而且光秀受封丹波，再加上近江坂本，大大扩张了在畿内的势力范围。

并且，光秀奉命在天正九年（一五八一）二月担任京都举行的阅兵仪式的负责人，在天正十年（一五八二）三月征伐武田家时作为随行，五月担任在安土城中招待德川家康的宴席负责人等，都让人觉得信长将其作为心腹赋予了光秀最高级别的信任。

而且对这二人之间的关系最具说服力的解释是太田牛一在《信长公记》中的记述风格。整体来看，该书中很明显都是对光秀怀有好意的记述。

太田牛一是信长的近侍，考虑到他每次都一一记录发生的事情，我们可以想象得到这种好意也是信长自己的态度。信长平日里就对光秀怀有好感，此事当时就为人所乐道。这也正是经牛一之笔流传开来的。也就是说信长和光秀之间，并没有像如今所盛传的那种紧张关系，不如说正好相反，可以看到他们之间是极其友好的信赖关系。

显示二人良好关系的，不仅是《信长公记》的记述。

天正四年（一五七六）进攻石山本愿寺后，光秀得了风痫（痫疾）久久不好。《言继卿记》中写六月十二日"明智十兵卫尉，久为风痫所扰，于凌晨去世"。虽然"去世"完全是误传，但我们可以由此得知光秀的病情有多重。

有关此病，细川藤孝的表兄弟，和光秀也有很深交情的吉田兼见在《兼见卿记》里记录了光秀于六月二十三日在京都接受了名医曲直濑道三的治疗，于二十四日受光秀正室所托举行了祈祷仪式，以及二十六日信长派人探望光秀的事情。可见信长也担心着光秀的身体状况。

另外，《多闻院日记》中记载，天正九年（一五八一）八月二十一日"惟任（光秀）ノ妹ノツマキ（妻木）死了、信長一段ノキヨシ也、向州（光秀）無比類力落也"。

其意思是"光秀的妹妹（正妻妻木氏之妹）去世。信长以前特别喜欢她。光秀无比沮丧"。"キヨシ"的意思应该是"喜欢"吧，这意味着两人之间的关系已经好到连亲戚都熟识的地步了。

讽刺的是，证明信长一直到最后都信赖光秀的证据正写于《惟任退治记》中。

有关光秀出征中国地区，《惟任退治记》中写道，光秀是作为军师被派遣出征的，信长要求他和秀吉商量好作战计划并向自己报告；同时里面还写着信长是否亲自出征中国地区就取决于这次作战。也就是说光秀是作为军监（目付）① 被派出的，信长虽然接受了秀吉发来的出征中国地区的请求可是并不信任秀吉，而派信任的光秀前往确认亲征中国地区的妥当性。

在普遍的说法中，光秀因为被命令接受秀吉的领导而心生不满，进而怨恨信长。可正是秀吉授意所写的《惟任退治记》的记述，否定了这种说法。秀吉自己恐怕也想不到，关于出征中国地区一事，后人会创作出这样的光秀 "怨恨说" 吧。

《甫庵信长记》所制造的矛盾

让 "光秀信长不和说" 成为通行说法的是军记物。

---

① 　即军目付，是战国大名为了监视武将在作战中的行为以及战后的论功行赏所安排在军队里的人员。

这是因为"怨恨说"需要以二人不和作为依据。

最初编排这些的是最早出版的军记物《甫庵信长记》，它比《太阁记》更早地为传播秀吉的谎言做了"贡献"。

《甫庵信长记》是后来创作《甫庵太阁记》的小濑甫庵于庆长十七年（一六一二）出版的书籍。其实此书是在剽窃当时尚未出版的太田牛一《信长公记》的基础上加以大幅润色和改编而成的。

太田牛一在信长死后，受秀吉雇用，留下了《太阁样军记之内》等著作。庆长三年（一五九八）秀吉一死，他就仿佛是为了等这一刻一般完成了《信长公记》。虽然牛一编辑整理了他在信长手下写下的类似日记的原稿，并完成了《信长公记》，可是并未将其出版。甫庵读的是牛一的亲笔原稿或是其手抄本。

牛一未在秀吉生前完成《信长公记》，当然是因为忌惮秀吉。秀吉也不可能允许有《惟任退治记》以外其他书籍的创作。实际上，在秀吉生前有关本能寺之变和织田信长的著作只有《惟任退治记》。

牛一临死之前（据说他死于庆长十八年），小濑甫庵以《信长公记》为蓝本，再加上大幅度的润色改编，写成了《甫庵信长记》。此时本能寺之变发生后已过了将近三十年。

在《信长公记》中仅为简短地记述了一些事实关系的内容，被甫庵通过增加对登场人物活动的描写等方式，夸大其词、编成故事。因为甫庵是侍奉羽柴秀次的儒医，且该书序文为儒学家林罗山所作，所以可以想象这是他为了弘扬儒家思想的道德观而写的故事。

甫庵侍奉过羽柴秀次，在秀次被秀吉命令自杀后又侍奉了秀吉家臣堀尾吉晴。从他的经历来看，很难认为他曾掌握有关信长周边的独有情报。甫庵剽窃窜改了《信长公记》，并出版《甫庵信长记》，如果在现代肯定会因被控告侵犯著作权而获罪。

作为该书蓝本的太田牛一的《信长公记》未能出版，反而《甫庵信长记》得以出版并成为畅销书。故而许多有关信长、光秀、本能寺之变的常识经由《甫庵信长记》渗透到世人中间。

《甫庵信长记》的记述和《信长公记》相比，很大的不同在于：首先，有关光秀在作战中的活跃以及光秀和信长交流的部分被全部删除。这导致两人之间的良好关系被抹消掉了。

其次，《甫庵信长记》在最后增加了"信长公早逝之评"一章，用儒家思想分析信长的灭亡，同时将其作为光秀谋反的理由。

本能寺之变

他列举了如信长不听监护人平手中务大辅①的谏言，既不行孝道又不守礼仪，敬神却不祭神，只管发扬武道却轻视文道等七条，以此为其壮志未酬身先死的理由。

可是，他并没有如《惟任退治记》那样写光秀走到谋反这一步的理由是因为怨恨，而将它归因于光秀害怕信长赏罚分明的态度，担心严酷的惩罚即将落到自己头上。这就是光秀神经过于敏感终于突然决定谋反一说的源头。

正如有关光秀的记录被删除一样，《信长公记》中有关信长怜恤路边乞丐的事迹也遭到彻底删除。因为如果被人知晓信长有这一面，那么就会降低"信长公早逝之评"的说服力。

就这样，秀吉在《惟任退治记》所夸张的信长残忍而苛刻暴烈的性格，被小濑甫庵更加夸大了。

顺便一说，在普遍的说法中，光秀直到本能寺之变的前一天六月一日的晚上首次向家臣们披露谋反决定之前，一直保守着这个秘密。这也是《甫庵信长记》虚构出来的。甫庵在书中写道，当天夜里，光秀首次将谋反的决定告知明智左马助、明智次右卫门、藤田传五、斋藤内藏助、沟尾胜兵卫，让他们写下誓词并交出人质。这个说法

---

① 即平手政秀（1492—1553），织田家重臣，曾是织田信长的老师，为劝谏少年信长放荡不羁的行为而切腹自杀。

只是对《惟任退治记》中"光秀秘密谋反"一说的夸张，但人们对光秀"单独犯罪"的印象的确因此被加深了。

两个被丑化的人物形象

通过《惟任退治记》，秀吉创造了信长与光秀由于刁难和怨恨的关系而互相残杀的形象。江户时代的军记物正是按照这个印象创作了各种逸闻轶事，而它们又成为通行的说法流传开来。现代的小说家和研究者也用同样的视角来处理二人关系，即认可两个被丑化的人物形象：信长思虑不足、疏忽大意，光秀有勇无谋、决意谋反。这正是我说的"社会版史观"。

那么同时代的人们是如何看待他们的呢？耶稣会的传教士路易斯·弗洛伊斯在《日本史》一书中描写了二者的人物形象。现存的有武将人物形象描写的书籍十分少有，因而这是很珍贵的信息。

因为弗洛伊斯曾多次与信长面谈，所以他写的应该是自己直接得到的信息和直接印象。可是，书中没有弗洛伊斯和光秀见面的记录，所以可以认为他和光秀即便见过面但直接得到的信息仍是很少的。涉及光秀的应该多是他从与光秀有密切交往的高山右近等切支丹大名处听来的间接信息。

本能寺之变

将书中关于信长的信息提炼整理后，大致有如下内容：

极为好战，勤于军事训练，富有名誉心，极具正义感。对加诸自己身上的侮辱不惩罚不罢休，但也曾在几件事情上显示过人情味和慈爱之心。不贪婪，虽然非常性急，情绪激昂，但平时也并非如此。

具有良好的理性思维和明晰的判断力，下决断极为隐秘，在战术上极其老练，在战场上即使运气不佳而仍能心胸开阔，有很强的忍耐力。在做出艰巨困难的谋划时极其大胆无畏。

轻视对神佛的礼拜以及占卜等迷信习惯。认为不存在灵魂不灭以及来世果报之类的事情。对谈之时，讨厌拖延和冗长的开场，和极为卑贱的家臣也很亲切地说话。

睡眠时间短，起床很早。不喝酒，饮食节制，对人的态度极为率直，对自己的见解骄傲自信。他的府邸极其干净，他会精心完成自己应该做的所有事情。

几乎不听家臣的忠告，受所有人敬畏。大家什么事情都服从他。

即便撇开因为信长大力庇护过耶稣会，所以弗洛伊斯对他的描写都是好意的这一点，我们还是能看到一个对家臣和自己都很严格，强化军事力量，对什么事情都合理判断，采取大胆而富有忍耐力的行动的坚强的人物形象。按现代来说的话，我感觉信长的形象，与大国的政治领导人或是世界级企业的经营者的形象有共通之处。

另外，关于光秀，因为他杀害了曾庇护耶稣会的信长，所以书中写着的都是蕴含相当恶意的内容。提炼整理后，内容大致如下：

喜好背叛和秘密会见，刑罚残酷且独裁，在伪装自己方面毫无漏洞。

在战争上擅长谋略，富有忍耐力，是计策谋略的高手。建筑城池的造诣也很深，有优秀的建筑方面的才华。在战争中能自如运用老练的士兵。深刻体会了欺骗他人的七十二种方法，且吹嘘自己曾研习过此。

因其才略、深谋远虑以及狡猾而受信长宠爱。懂得如何利用主君及其恩惠。在保有并增强信长对自己的宠爱方面有不可思议的精明。从不懈怠对信长的进贡，为了保持和信长的亲密关系，甚至调查所有能让信长高兴的事情，在信长的嗜好与愿望方面，即使是很细微的龃龉也会用心避免。若非信长自身也不是常理之人，否则也不会这样亲近地任用他。

本能寺之变

在殿内①他算是外人，又曾是外来投奔信长之人，所以几乎所有人都对他感到不快。

所谓"欺骗他人的七十二种方法"大概是指《孙子兵法》之类。除去弗洛伊斯的恶意，我们可以读出，光秀是拥有非凡才能的优秀军事战略家，他的能力为信长所重用，他对信长也非常用心关切。光秀正是作为优秀参谋、心腹家臣支持着信长统一天下的事业。

而且两人的关系是被周围人认为"若非信长自身也不是常理之人，否则也不会这样亲近地任用他"的亲密关系。光秀作为新来的人，以令人惊诧的速度出人头地，并且受到信长的宠爱，故而应该遭到了织田家臣们的冷眼相待。

刚好在本能寺之变发生的一年前，天正九年（一五八一）六月二日，光秀制定了《明智光秀家中军法》。该军法目前保存在丹波福知山上祭祀光秀的御灵神社中。据说光秀在领地丹波实施治水工程以及免除税金等善政，所以为当地百姓所倾慕，于是在此神社中供奉他。

在这十八条家中军法的最后，光秀写道"不曾立下武勇之功之辈乃国家蛀虫。故应粉身碎骨而尽忠"。光秀

---

① 此处应指尾张织田家及其本地士族。

被认为是头脑清楚的典型，从功绩上来看他在实践中也很准确地收获了成果。因此，他与同为讲求效率的成果主义者的信长意气相投。"不曾立下武勇之功之辈乃国家蛀虫。故应粉身碎骨而尽忠"一言，正是表达了光秀贯彻成果主义的真谛。

在普遍的说法中，光秀是保守且情绪化的。这是从"因为他杀死了革新且讲求效率的信长，所以他肯定有和信长相反的思考方式"这一推断而来的。而且还有人宣扬说，正是因为光秀是保守而且情绪化的人，才会为了图谋复兴保守势力而谋反。

但是，光秀是被革新且讲求效率的信长所提拔和信赖的。从这一事实中，我们应该考虑光秀也是革新且讲求效率的。在现代的企业管理中也是，哪怕创业的老板和支持他的副手擅长的领域不一样，但即便是这样的组合，他们在想法和考虑问题的习惯上也是共通的。如果这个不一样，从一开始就不可能产生二人携手合作的关系。

第二部

决意谋反的真正动机

第4章
复兴土岐的宏愿

寄托于《爱宕百韵》的祈愿

我们刚刚已经说了有关明智光秀的所谓定论依据的薄弱性，以及取代定论的盖然性很高的真相，接下来终于可以切入本能寺之变真相的探讨了。首先，解谜的第一步，我们还是要回到光秀谋反的动机上。

如果谋反的动机既不是怨恨也不是野心的话，那么是否如"黑幕说"中讲的，是为了解救被信长压迫的朝廷和足利幕府呢？

可是，从光秀的经历中并不能看出他有非要对朝廷和足利幕府尽忠的理由。对于有历史浪漫主义倾向的人来说，"朝廷的忠臣光秀"或是"足利幕府的忠臣光秀"这种故事设定可能会更具吸引力，但我们找不到可以明确支持这种说法的史料。即便光秀曾有过拥戴朝廷或义昭的言行，那也不是他的目的，只不过是手段罢了。如果光秀要确立自己的政权，这些手段在政治上是必需的。

那么，光秀是在夺取天下的英雄梦上赌了一把吗？哪怕人们会为了拯救家人和一族而牺牲自己的性命，我也不认为有人会为了自己的英雄情结，冲动地拿自己所爱的家人以及一族家臣的性命做赌注——更不要说是在战国时代的严峻环境下饱受磨炼的光秀，他作为一族之长，绝不可能用如此幼稚的逻辑来决定自己的行动。

对于光秀来说，他一定有很多必须守护的生命和幸福，并会为了如何将之守护到底而苦恼。他下这样的决断肯定是经过了再三的考虑，这是战国时代作为一族之长的人都要背负的责任。

光秀把自己的心情都寄托在了《爱宕百韵》的发句中，"如今在雨下，时逢五月天"（時は今あめが下なる五月かな）。这句话里包含了光秀怎样的真实祈愿呢？如果能将这句话解读透彻，应该就能明白他的谋反动机了。

有研究者认为，谋反之前，光秀不可能抱着谋反有可能被觉察的危险去吟咏这样的句子。如果这种观点属实，那光秀就只是通过"如今在雨下，时逢五月天"来单纯地吟咏爱宕山西之坊在梅雨中的情景了。

但是，这是不可能的。光秀肯定在这句话里寄托了一个愿望。为什么这么说呢？因为《爱宕百韵》本身就是用来祈祷战争胜利的。爱宕神社中供着胜军地藏，出征的武将们有来这里参拜祈祷战争胜利的习俗。光秀也在"爱宕百韵"连歌会举行的前一天参拜爱宕神社并祈祷战争胜利。"爱宕百韵"连歌会也是为了祈祷战胜而举行的。所以，诗句中不可能不包含他的祈愿。

连歌是承接上一句而咏下一句的，由于受上一句的制约所以不能自由创作，可是发句可以不受上一句的制约而被自由创作——光秀肯定就是在发句里寄托了自己的祈愿。

截至目前，光秀所咏的句子被认为具有"统治天下"（あめが下しる）的含义，被赋予了对其内幕的各种解释，但从来没有人将之解释成"在雨的下面"（あめが下なる）。接下来，我将尝试照此含义来进行解读。

还是把"時"的意思置换成"土岐"，我们可以这样解释光秀寄托在句子里的祈愿。

> 如今到了土岐一族陷入如被这梅雨击打一般的苦境中的五月（希望在六月能从此苦境中脱身出来）。

"梅雨"是如芭蕉的俳句中所咏的"齐集夏时雨，汹汹最上川"那样的暴雨，而"在那之下"则意味着被暴雨击打的状态，即表现了艰苦的状况。

本能寺之变

光秀是在向神佛祈祷，希望土岐一族能从现在的苦境中脱身出来。同座的绍巴和行祐应该也理解他祈愿的意思。这二人通过连歌而和光秀有了亲密的交往，所以他们应该很清楚光秀所处的状况。只是，他们应该没想到这个祈愿还包含了谋反的意思。因为作为战胜祈愿，祈祷一族的平安是理所当然的。

那么我们应该关注的还有一句——当天光秀的嫡子光庆所作的唯一一句，即末尾的第一百句，也就是"举句"。举句作为总结的祝词不受限于前一句，可以将创作者自己的情感咏入其中。

各国更为安宁时。（国々は猶のどかなるとき）

这个举句，咏的不过是光秀在发句中寄托的"身为土岐氏的自己从苦境中脱离出来"以后，希望能给领国带来安宁的愿望。

这句不由光秀而由儿子光庆所咏，其中应该有很重要的意义。那就是光秀祈愿自己从子到孙延续下去的安宁。在连歌中举句被规定为"应当事先准备的一句"。光秀提前教授光庆这一句，然后为了让他吟咏这一举句而安排他同席。这一句本身的意思，以及光秀的这一安排，恰恰寄托了作为一族之长的光秀的愿望。

截至目前的研究中，因发句被当作"统治天下"的意思而产生了各种复杂的解释，可是没有一种有说服力。如果发句是"在雨的下面"的意思并且直接解释《爱宕百韵》的话，我们就能够解读出一直以为被认为是谜的光秀的祈愿。光秀的愿望就是脱离现在的苦境，结束持续了百年的战国乱世，并得到让子孙代代延续下去的安宁。

土岐氏的荣枯盛衰

那么，光秀到底陷入了怎样的苦境呢？如果弄明白这一点的话，我们就能够弄清他的动机了。

《惟任退治记》中，虽然秀吉公布了"如今正是好时机，土岐五月统天下"为显示光秀夺取天下野心的一句，但并没有对此进行更多解释。这是因为秀吉认为对于当时的人来说，这已经足以表达其内容了。也就是说，当时谁都会把"時"当成"土岐"来理解。光秀就是土岐氏，以及土岐氏有奋起夺取天下的可能性在当时广为人知。

那么，土岐氏究竟意味着什么呢？我们首先得理解这一点。截至目前的研究中，光秀身为土岐氏的重要性一直被忽视。而事实上，撇开土岐氏，我们是不可能找到本能寺之变的真相的。

有关光秀曾是土岐一族一事，在与光秀有交流的公家

本能寺之变

立入宗继写的《立入左京亮入道隆佐记》中，记载着光秀是"美浓国居民，土岐之高位者"。也就是说，光秀是土岐氏中地位很高的人——这也证明了光秀曾是土岐一族。

还有一个证据就是家纹。作为光秀的家徽而闻名的桔梗纹是土岐氏的家纹，因为花瓣比普通的桔梗纹样要更宽大，所以也被称为"土岐桔梗纹"。

土岐桔梗纹

在室町时代的历史人物中，有一位名叫土岐赖远的侍奉足利尊氏①的婆娑罗大名。婆娑罗是表现当时的社会思想和审美的流行语，也意味着华丽的服装和让人闻所未闻的奇行。高师直和佐佐木导誉②等人也被叫作婆娑罗大

---

① 足利尊氏（1305—1358），日本镰仓时代末期至南北朝时代的武将，室町幕府的开创者及第一代征夷大将军。

② 高师直（？—1351），日本镰仓时代后期至南北朝时代的名将。佐佐木导誉（1296—1373），一般称"佐佐木道誉"或"佐佐木佐渡判官入道"，日本镰仓时代末期至南北朝时代的武将，作为"婆娑罗大名"广为人知。

名，特别是土岐赖远以奇行为人所知，他在从笠悬（骑在马上射箭的练习）归来的途中醉酒扰乱上皇①的行进队伍，还因向上皇所搭乘的牛车射箭而在六条河原被砍了脑袋。土岐氏中，其他为人所知的还有被斋藤道三②流放继而去世的美浓守护大名③土岐赖艺等。

在此，我将谷口研语在《美浓土岐一族》一书中关于土岐氏的内容总结如下：土岐氏发源于八百多年以前源赖光④的子孙光衡，他以在美浓土岐川流域的土岐郡原住民的土岐氏为名，之后以美浓为根据地持续发展。在南北朝动乱⑤之初、第四代土岐氏的赖贞成为美浓守护以后，

---

① "太上天皇"的略称，是日本给予退位天皇或当朝天皇在世父亲的一种头衔。退位的天皇称"上皇"，出家为僧的则称"太上法皇"。
② 斋藤道三（1494？—1556），日本战国时代武将、美浓国大名，与北条早云并称为"下克上"的典型。
③ 守护，是发源于日本镰仓时代的一种制度，曾称"守护人奉行"、"守护职"。守护大名是对室町时代守护的一种称谓，他们在领国内不仅拥有军事、警察职能，也拥有经济职能。以守护大名为基础的领国支配体制被称为"守护领国制"。到了战国时代，守护大名有的没落，有的转变为战国大名。
④ 源赖光（948—1021），日本平安时代中期武将。
⑤ 日本南北朝时代（1336～1392），是日本历史上的一个分裂时期。后醍醐天皇消灭镰仓幕府后，进行王政复古，推行建武新政。新政引来武士不满，大将足利尊氏迫使后醍醐天皇退位，拥立光明天皇并建立室町幕府，是为北朝。后醍醐天皇带着象征皇位的三神器逃往大和国（今奈良县）的吉野行宫，是为南朝。南、北两个天皇各有传承，两个朝廷亦互相征战，最后南朝的后龟山天皇让位于北朝的后小松天皇，南北朝时代结束。

本能寺之变

土岐家代代继承美浓守护一职直至战国时代。赖贞的孙子第三代守护赖康，当时还身兼尾张和伊势的守护——土岐氏迎来了鼎盛期。赖康连续担任美浓守护四十六年，尾张守护三十七年，伊势守护十六年。

其间，土岐一族各自根据所在地名冠以姓氏，随着新家庭的兴起，其分支遍布浓尾平原一带，共一百多家。分家的过程中，如以明智庄这一地名冠姓的明智氏，他们以明智作为新的姓氏，同时也自称"土岐明智"，并没有抛弃土岐的姓氏。这表明他们作为土岐一族和其他的土岐氏有共同的渊源，而且这也为社会所公认。

强有力的联结对于一族的发展起着重大作用，而将之具体化的就是"土岐桔梗一揆"。所谓一揆，就是"其揆一也"①，也就是大家为了一个目的团结起来的意思。武士们的一个战斗单位也叫作一揆，在《太平记》中赖康率领的军队就叫作土岐桔梗一揆，冠有土岐氏家纹的战斗集团就是土岐桔梗一揆。

可是在赖康死后，由于惧怕土岐氏的势力，室町幕府第三代将军足利义满策反，土岐一族出现了内乱——后来

---

① 出自《孟子·离娄下》。

发展成反对室町幕府的"土岐康行之乱"①。明德元年（一三九〇），第四代守护康行被幕府讨伐而没落。至此土岐一族的联结崩溃了，分裂家族、抛弃主家变身为幕府奉公众的有势力的庶家比比皆是，而明智氏也成了幕府的奉公众。到了土岐一族由池田氏继承之时，土岐氏唯一继承的美浓守护一职的实权也转移到斋藤氏的手中，到此土岐一族已经溃不成族了。天文二十一年（一五五二），土岐氏的末代守护赖艺被斋藤道三流放到美浓，至此从赖贞以来传承了两百年的美浓守护土岐家就没落了。

　　如上所述，土岐氏在足利幕府时期曾是颇具势力的一大名门。作为一族团结的象征，"土岐桔梗一揆"这个词流传了下来，这意味着他们曾有非比寻常的强有力的联结。这种作为一族的团结意识在美浓守护土岐家没落后依然被继承了下来，正如犹太民族在失去以色列的土地而散落各地之后，反而拥有更加坚固的民族意识。如同依旧坚持打着"回到锡安山"②的悲壮旗号一样，对于土岐一族来说，"土岐桔梗一揆"就是他们的心灵归宿。

---

①　又称"土岐氏之乱"、"美浓之乱"，指 1390 年身兼美浓、伊势两国守护大名的土岐康行（康行将尾张守护一职指派给堂兄弟土岐诠直继承）遭室町幕府第三代将军足利义满讨伐的战役，以康行和诠直兵败告终。

②　锡安山又称郇山、熙雍，经常用来借代耶路撒冷全城和以色列全地。犹太复国主义又称"锡安主义"。

末代美浓守护赖艺的流放，是本能寺之变仅三十年前的事情。所以即便秀吉没有再做任何解释，在当时的人们看到"時は今あめが下しる"，自然会将其理解为光秀表明夺取天下的野心之作。复兴曾经作为能和将军家匹敌的一大势力但如今没落了的土岐氏，是他们一族的宏愿。当时，人们都知道光秀正是背负着这一宏愿的人。

《爱宕百韵》举句中所咏的"各国更为安宁时"，表达了回到过去兴盛、平和、安宁的时代的愿望，也是祈祷土岐一族宏愿成真的一句。

发句以"時"为始，举句以"とき"① 为终。根据连歌的规则，举句中应该避免使用与发句相同的词语。故意在举句中以"とき"来结束，表明了光秀对"土岐氏"抱有很深的执念。

《爱宕百韵》的完整解读

现在我们完全理解了对于光秀来说土岐氏是怎样的存在，接下来我将对《爱宕百韵》进行完整解读。在连歌里，这次百韵中同座的人们都隐藏了重要的信息，解读它有助于分析光秀之祈愿的盖然性。

---

① 如前文所述，"時"和"土岐"在日语中都读作"とき"。

　　百韵是由一百句诗所组成的连歌。最初的三句，也就是"发句"、"胁句"和"第三"，统称为"三物"，是代表百韵的特别的句子。与此相对，第四句到第九十九句被称为"平句"。因为在连歌的规则中，吟咏不仅受上一句的制约，还要受到上上一句的制约，所以想要在平句中表达一些深层次的含义是很难的。

　　吟咏者如果要在其中蕴藏更深一层意图的话，那就只可能在被称为"三物"的发句、胁句、第三和举句这四句中进行。所以，如果能够通顺地解释这四句的深层意思，就可以完全解读《爱宕百韵》了。前面我们已经解读了发句和举句，所以接下来看剩下的胁句和第三。

　　胁句应由作为主办人的东道主所咏，所以作者应是西之坊，也就是主持这次连歌会的爱宕山威德院的院主行祐。第三应由主宾的陪客所作，所以作者应是当时和光秀有深厚交情的一流连歌师绍巴。

　　行祐和绍巴都通过连歌和光秀有了深厚的交情，行祐是从天正五年（一五七七）开始，绍巴是从永禄十一年（一五六八）开始有和光秀同席吟咏连歌的记录（《连歌总目录》）。

　　不仅如此，光秀还曾在天正三年（一五七五）的信件中留下了委托行祐的威德院供奉十束绵作为祈愿的记录（奥野高广著《增订织田信长文书研究》），可以推想他应

本能寺之变

该经常通过委托战胜祈愿的方式和行祐有接触。而绍巴也与光秀有极其亲密的交往。比如天正九年（一五八一）四月，光秀在去探访丹后的细川藤孝途中与堺市的商人、茶人①天王寺屋宗及等人同行，绍巴也在其中，等等。

行祐和绍巴非常了解光秀当时所处的状况以及光秀身为土岐氏的意义，对他们来说当然能够理解光秀在发句中所蕴含的祈愿的意思，并且应该是在胁句、第三的吟咏中回应了光秀祈愿的个人思考。

那么他们咏了什么呢？

爱宕神社里供奉的《爱宕百韵》的原本在江户时代的火灾中被烧毁，但有十四本抄本存世。我调查了其中的九本，发现有《续群书类从》所收本、京都大学附属图书馆所藏平松本、大阪天满宫所藏本三个抄本的发句处写作"下なる"。可是不论发句处写着"下なる"还是"下しる"，这九本的胁句和第三都是一样的，所以我们可以确定《爱宕百韵》的"三物"为如下三句：

　　　发句　　如今在雨下，时逢五月天。（時は今あめが下なる五月かな）　　光秀

　　　胁句　　庭中有夏山，胜过上游水。（水上まさる

---

①　指精通茶道的人。

庭の夏山）　　行祐

　　第三　　截断落花池中流。（花落つる池の流をせ
きとめて）　　绍巴

各句表面的意思如下：

　　发句　　如今我在雨下，正逢五月之时。

　　胁句　　恰逢梅雨下不停，夏日庭院的假山处，能
听到从上游传来响亮的流水声。

　　第三　　花儿散落在池水中，顺流而下，还请截断
之。（岛津忠夫校注《连歌集》）

针对以上诸句，关于其中包含光秀祈祷的内容以及二
人回应他所作的句意可做如下解释——当然，如果没有理
解土岐氏的历史的话，就不能做出这样的解释。

　　发句　　如今到了土岐一族陷入如被这梅雨击打一
　　般的苦境中的五月（希望在六月能从此苦境中脱身
　　出来）。

　　胁句　　比土岐的先祖们（上游）威势更盛（如
　　同夏日假山一般）的光秀殿下（激励光秀此祈愿必
　　能达成）。

第三　请止住失去了美浓守护一职（花儿散落）
的池田氏一族（池中流）（激励光秀取而代之，继承
土岐氏首领之位）。

谈到对于光秀的发句，行祐和绍巴是怎样理解光秀所
处的苦境的呢？他们应该是很自然地将其理解为光秀正面
临着即将要出征毛利家，并进一步将其与土岐氏荣枯盛衰
的历史联系在一起了。

所以，行祐在胁句中将威势强盛的光秀比作眼前的
"夏山"，鼓励光秀说，与任何一个土岐氏的先祖相比，
如今的光秀都具备远超他们的势力。绍巴在第三中鼓励光
秀取代被斋藤道三夺走美浓守护一职而没落的池田氏成为
土岐氏的首领，完成土岐氏的复兴。

太田牛一改写的《爱宕百韵》

尽管首先记录《爱宕百韵》发句的是《惟任退治
记》，可有关《爱宕百韵》的定论都是以《信长公记》中
的记述作为依据的。《信长公记》便是如此被当作可信度
很高的史料的。

我在前文中说过《信长公记》中的发句是被窜改后
的"下しる"，但事实上，不只发句，其中的胁句、第三

也是被窜改的。为什么胁句、第三也被窜改了呢？又是谁告诉了太田牛一窜改后的胁句和第三呢？只要解开此谜，就能给《爱宕百韵》的"定论"致命一击。

《信长公记》并未被出版，而是经由手抄而流传出去的。因为牛一亲笔所写的原本有好几本，所以从内容略有不同的原本复制过来的抄本更有很多种，再加上根据带有笔误的抄本再制作的新抄本，《信长公记》就有了各种各样的抄本。

桑田忠亲以抄本之一的町田本为底本校注的《新订信长公记》里，有关《爱宕百韵》的记述如下——它作为《信长公记》的记述而广为人知，该记述也被有关《爱宕百韵》的定论当作根据。

二十七日，从龟山至爱宕山参佛，闭居寺院斋戒祈祷一宿，惟任日向守持心待于座上，参进神前，在太郎坊①前，再三抽签占卜。二十八日，于西坊举行连歌。

发句　惟任日向守

梅雨渐沥下不停，便知时逢五月天/如今正是好时机，土岐五月统天下。（ときは今あめが下知る五

---

① 京都爱宕山中供奉的天狗。

月哉）　光秀

　　庭中有松山，胜过上游水。（水上まさる庭のまつ山）　西坊

　　堵截落花水尽处。（花落つる流れの末を関とめて）　绍巴

　　如此这般，行至百韵，收好供于神前，五月二十八日，归丹波国龟山居城。

　　牛一按惯例写了代表百韵的三物，可是不仅是发句，连胁句、第三也和前面讲的正确的句子不一样。胁句中的"夏山"变成了"松山"，第三中的"池中流"变成了"水尽处"。

　　为什么能够清楚地判定是《信长公记》出了错，而"夏山"、"池中流"是对的呢？因为《信长公记》中所写的句子违反了连歌的规则。连歌的规则规定"胁句应咏发句中的同一季节"。发句中有"五月"，季节为夏天。胁句的"松山"则不表季节，所以肯定是"夏山"。

　　作为凭证，其实还存在写着正确的三物的《信长公记》。那就是冈山大学附属图书馆池田家文库所藏的太田牛一亲自书写的原本，以下称此为"池田家本"。一九七五年，由冈山大学池田家文库等刊行会出版了这一原本的影印版，其内容如下。

发句　惟任日向守光秀

如今在雨下，时逢五月天。（ときは今あめが下
なる五月哉）

庭中有夏山，胜过上游水。（水上まさる庭のな
つ山）　　胁西之坊

截断落花池中流。（花落る池のながれをせきと
めて）　　第三绍巴

虽然在汉字、假名的使用以及送假名①的标注上存在
不同，但发句、胁句、第三毫无疑问是正确的句子。池田
家本的存在，彻底推翻了"下しる"是以"因见于《信
长公记》中所以可信度高"为根据的说法。

池田家本的这一记述出版了将近四十年依然未得到关
注，令人遗憾，但近年研究《信长公记》的项目确认了
池田家本里有牛一自己擦掉文字重新书写的部分（金子
拓著《名为织田信长的历史》）。

其中具体的一处，便是金子拓在网站上明确了在池田
家本中"下なる"、"なつ山"（夏山）、"池のながれ"
（池中流）的部分是涂改修正之后的，可以确认修改前的

① 指日语词汇中汉字后面跟随的假名，用来指示前面汉字的词性或读
音。

字迹为"下しる"、"まつ山"（松山）、"流れの末"（水尽处）。

　　也就是说，牛一一开始得到的是写着"下しる"、"まつ山"（松山）、"流れの末"（水尽处）的三物并写入池田家本中，但后来得知"下なる"、"なつ山"（夏山）、"池のながれ"（池中流）才是正确的，便将其改成了现在的样子。虽然已经有了根据修改之前的内容制作的抄本，但牛一确信后来得知的句子的正确性后，便果断改写了手头的池田家本。作为记录者，牛一诚实的态度为后世留下了重要的证据。

为什么胁句、第三也被改写了？

　　那么我接下来将推理一下胁句、第三是经由何人，又为何被改写的。

　　请再看一次牛一的《信长公记》的记述。和《惟任退治记》相比，虽然其中二十八日的"爱宕百韵"连歌会举行日期和"下しる"是一致的，可是其中并没有"是为谋反之心的显现"的解读。

　　另外，其中追加记录了很多信息。牛一追加的内容除了三物以外，还有关于光秀曾抽签占卜等行动的描述。这是牛一从当时在现场的人那里得来的消息。只要找到牛一从何人处得到的消息，我们就应该可以接近窜改人是谁的真相了。

首先考虑的可能性就是牛一直接问了百韵的参加者，也就是行祐，绍巴，绍巴的弟子昌叱、兼如、心前等人，可是找不到证明牛一与他们有交流的史料。

其实，存在比他们都更有可能性的人，那就是《惟任退治记》的作者大村由己。为什么这么说呢？因为由己与牛一是侍奉过秀吉的同事，和绍巴过去也有很深的交情。所以由己把从绍巴处得到的信息传达给牛一的可能性极大。

秀吉将自己的业绩不断地载入书中，为他的统一天下和统治事业服务。由此被创作出来的一系列的书就是《天正记》十二卷，作者是大村由己。《惟任退治记》就是《天正记》的第二卷。

由己擅写文章且精通连歌，本能寺之变发生的天正十年（一五八二）他正担任大阪天满宫连歌会所①的别当（总负责人）。当然，这应该是秀吉对他的奖赏。由己从很久以前开始就通过连歌与绍巴有亲密交往，从弘治二年（一五五六）开始，有许多二人同席吟咏连歌的记录。

---

① 日本中世的一种举办集会、文娱活动等集体活动的场所，于室町时代最为发达，拥有自己的固定区划以及独有建筑。

　　然而，牛一在本能寺之变后出仕丹羽长秀，之后受秀吉聘请，最迟在天正十七年（一五八九）侍奉了秀吉，也就和由己成了同事。

　　如果牛一想要得到有关《爱宕百韵》的详细信息，不可能不最先向既是《惟任退治记》里记录此事之人，同时又是自己的同事，还是连歌会所别当的由己询问。因此，由己便有了处理信息的空间。

　　在秀吉授意下创作《惟任退治记》的由己，肯定是从与自己有亲密交往的绍巴处得到了《爱宕百韵》的详细信息，然后想到了窜改发句的办法。因为连歌是由己最为得意的领域，察觉到由己窜改的绍巴不管情不情愿也只能默认了吧。

　　可是，这就产生了一个问题。那就是如果光秀的发句是"谋反之先兆"的话，那么参加了"爱宕百韵"连歌会的绍巴等人就有谋反同谋或至少是心知光秀谋反之意却不通报的嫌疑。那样的话绍巴就有可能会为了保护自己而向世间公布"下しる"是遭到窜改的。

　　所以，《惟任退治记》中，由己在"谋反之先兆"的记述后特意添加了一句，那就是"何人兼悟之哉"。这句话的意思是"光秀居然在句中包藏谋反之心，而当时谁都不可能理解"，写下这句话，说明由己为了不将嫌疑扩大到绍巴等人花了不少心思。

　　本来窜改问题已经由大村由己的才智而解决，但在太田牛一为秀吉所用时又出现了新的问题：因为编撰《信长公记》的牛一曾问了他许多有关《爱宕百韵》的问题。

　　由己把从绍巴处听来的信息告诉了他，可唯独没有告诉他胁句和第三，因为胁句和第三都是对发句里所包含的光秀愿望的鼓励。发句若是"下しる"的话，那行祐和绍巴就都成了鼓励光秀谋反的人，他们就会有谋反同谋的嫌疑。

　　所以，由己擦掉了这两个关键词。胁句里用于比喻光秀的"夏山"和第三里用于比喻池田氏家系的"池中流"正是关键词，只要把它们消去，那么就不能从胁句和第三中读取出鼓励的意思了。所以由己把"夏山"改成"松山"，把"池中水"改成"水尽处"，然后告诉了牛一。这样一来，不仅是《爱宕百韵》的发句和举行日期，就连胁句和第三都是经窜改后才流传出去的。

　　可是，大概牛一对由己的说明总感到有不能释怀的地方——《信长公记》里并没有写光秀的发句就是谋反的先兆，这可能是因为牛一作为记录者持有只想记下事实的信念。

　　《信长公记》成书于庆长三年（一五九八），当时秀吉已死，由己也于两年前过世。绍巴在四年后的庆长七年去世后，牛一便没有必要顾忌涉及"下しる"的嫌疑了，牛一可能就是在那时知道了真实的句子——也许是偶然得知，但考虑到牛一作为记录者的诚实，或许他也曾为了解开多年来的疑团而专门去调查了供奉于爱宕神社的原本。

那么我们现在已经弄清了胁句、第三遭到窜改的理由以及窜改者，这也印证了我以此为前提，对《爱宕百韵》进行完全解读的结果是正确的；与此同时，还印证了光秀作为土岐氏的盟主企图复兴土岐氏，这是光秀本人以及当时所有人都知道的事情。

第5章
盟友长宗我部的危机

利三兄弟和长宗我部家的渊源

光秀在爱宕山的战胜祈愿里咏道："如今到了土岐一族陷入如被这梅雨击打一般的苦境中的五月"。这苦境应该是非常严重的，甚至让人觉得会"关系一族存亡"。因为若非如此，光秀绝不至于明知一旦失败将会灭族还依旧决定走上谋反之路。

显然当时正发生着促动谋反的事情，那就是对四国的长宗我部氏的征讨。

天正三年（一五七五）七月，统一了土佐（今高知县）的长宗我部元亲①剑指称霸四国全境，开始朝着三好

---

① 长宗我部元亲（1539—1599），日本战国时代到安土桃山时代土佐国大名，1575 年统一土佐一国，至 1585 年统一四国。同年丰臣秀吉攻打四国，只将土佐一国留给长宗我部家。

军控制下的阿波（今德岛县）进攻，并提前与信长结盟。居间斡旋的人正是光秀。

四国的三好军就是杀害了将军义辉的三好三人众，他们与拥立义辉之弟义昭为将军的信长是敌对关系。因此信长和元亲有共同的敌人，所以双方结成同盟。到本能寺之变发生的前一年天正九年（一五八一）为止，元亲的势力扩展至阿波、赞岐（今香川县）、伊予（今爱媛县），三好军被逼到绝境。

可是，从这时起，信长的政策发生了变化。天正三年（一五七五）四月，三好一族中归顺信长的三好康长将四国的三好势力归于自己麾下。于是，信长就开始谋划长宗我部和三好一族的并存。

抗拒此事的元亲，为了称霸四国的目标开始对信长持敌对态度。信长不得不直面并解决四国和长宗我部的问题。

信长任命自己的三儿子织田信孝为总大将，组织了讨伐长宗我部的军队。信长于天正十年（一五八二）五月七日给信孝的盖有朱印的四国处置官文中，分别将赞岐和阿波赐给了信孝和三好康长，而剩下的土佐伊予两国则等他到达淡路岛时再行处置。

征讨长宗我部的军队于大阪集结，预定在天正十年六月三日，也就是本能寺之变的第二天渡海开往四国——那时长宗我部氏的命运便真的宛如风中残烛了。

可是，这个计划因六月二日的本能寺之变夭折，信孝率领的讨伐部队也因此溃散，不断有士兵出逃。在千钧一发之际，长宗我部氏幸免于难。后来，在三年后的天正十三年（一五八五），元亲成功统一了四国全境。

虽然之后元亲在秀吉的进攻下投降，其领地被限于土佐一国，但元亲还是因本能寺之变而避免了一族灭亡，并一时统一了四国。从这一史实来看，我们可以推测光秀的谋反是为了阻止信长对长宗我部的讨伐。事实上，在大概四百年前也确实有人做出了这样的证言。

他就是长宗我部元亲的亲信高岛孙右卫门。孙右卫门在正值元亲三十三回忌①的宽永八年五月写了追忆元亲的《元亲记》。其中，孙右卫门记录了信长撤销允许元亲平定四国的许可，并命令元亲退还伊予、赞岐两国，而元亲并没有服从信长的命令一事。他之后还写道：

> 另外明智家也派了斋藤内藏介（助）之兄石谷兵部少辅作为使者前来传达信长的意思，也遭严厉拒

---

① 指人死后满三十二年之时的忌日。在日本传统中，三十三回忌是一个重要的忌日。其说法来源于佛教，按其说法，无论是怎样的人在其死后第三十三年都能洗清罪愆前往极乐净土。故而在三十三回忌时，家人多去寺院布施，将死者在寺院"永代供养"。

绝。因此信长迅速着手准备征讨四国。派儿子三七信孝殿下为总指挥，三好正严（康长）作为先头部队于天正十年五月到达阿波胜瑞城，首先攻打一宫、夷山，从长宗我部手中夺回两城。据说当时信孝殿下的队伍已经到达岸和田。斋藤内藏介或因此担忧四国，加速了明智谋反之战。（泉淳现代语译《元亲记》）

也就是说，光秀的家臣斋藤利三是谋反的主要策划人，其目的是阻止对长宗我部的讨伐。

有关利三是谋反主谋一事，其证据在当时的公家日记中也可见，这也佐证了高岛孙右卫门的证言。

山科言经在《言经卿记》的天正十年六月十七日下面写道："日向守内，斋藤内藏助，今度谋反之随一"（光秀的家臣中利三最为活跃）。在劝修寺晴丰所写的日记《晴丰公记》的《日日记》部分里，同一天的记录里也写着"彼等信长打谈合众也"（利三是密谋讨伐信长的一员）。

为什么光秀的重臣斋藤利三要如此"担忧四国"，进而在阻止讨伐长宗我部的谋划中起主导作用呢？

答案就在之前那位高岛孙右卫门的文章里，其中写道"斋藤内藏介之兄石谷兵部少辅"。石谷兵部少辅就是长宗我部元亲正室的兄长石谷赖辰，赖辰是美浓豪族斋藤氏过继给石谷氏的养子，利三是他的亲弟弟。也就是说，利三也算是元亲正室的兄长。

正因为他们有如此深厚的姻亲关系，从这个侧面我们可以理解利三为何要在阻止讨伐长宗我部一事上起主导作用。作为主谋之一的利三在山崎合战之后被捕，在京都市内游街示众后被斩首，他和光秀二人的尸体并排在京都栗田口受磔刑①。但是如此一来，光秀的谋反就成了为救家臣的亲戚而发动的了。这作为谋反的动机来说，未免也太薄弱了。

长宗我部氏和土岐氏

其实，对于光秀自己来说，长宗我部氏的存在也有极其重要的意义。

纵览长宗我部元亲称霸四国的经过，可以频繁见到光秀的身影。

元亲踏出从统一土佐到统一四国全境的第一步是在天正三年（一五七五），当时他正是通过光秀与信长建立起了同盟关系。后来光秀一直发挥着元亲和信长之间中间人

---

① 指古代日本将受刑人绑在十字架上刺死的刑罚，"磔"指十字架。与中国的"磔刑"（凌迟）不同。

的作用。

　　有研究者主张，信长无视中间人光秀决意征讨长宗我部的行为让光秀颜面尽失，且失去了出人头地的机会，这是光秀谋反的原因。照此说法，明智谋反就又成"社会版新闻"了。若把本能寺之变作为政治事件来考量，则必须调查长宗我部和光秀的关系。

　　一般认为，光秀和元亲的关系始于元亲与信长同盟的天正三年（一五七五）。根据《元亲记》的记录，实际上，二人的关系从更早之前的信长上洛时就开始了。

　　　　长宗我部和信长公在信长公上洛前就有交流，其中间人就是明智光秀殿下。

　　信长上洛是在永禄十一年（一五六八），也就是说比天正三年还早七年，在本能寺之变的十四年前起，元亲和信长就已经有了来往，而光秀和元亲的往来较之还要更早。因而能看出这二人之间有相当深厚的交情。

　　那么光秀和元亲的关系是如何建立起来的呢？

　　成为契机的，是永禄六年（一五六三）元亲从京都迎娶正室一事。元亲大概从那时起就有了称霸四国的野心，并开始筹划为打进中央建立人脉。

　　元亲迎娶的正室是幕府奉公众石谷兵部大辅光政之

女。光政和其养子赖辰之名，见于上述《永禄六年诸役人附》的前半部中，也就是说被收录在将军义辉时代的名册里。

石谷氏代代都作为幕府高官奉公众，与幕府政所代①蜷川氏、美浓豪族斋藤氏等有亲密的姻亲关系，是和朝廷的公家众有深厚交情的名门望族。

元亲有效地利用了这条人脉。《言继卿记》中记载，永禄九年（一五六六）八月二十七日，石谷赖辰曾替"土佐的长宗我部"向山科言继进行了一些事的咨询。这应该是长宗我部需要了解某些与朝廷、公家相关的事吧。

石谷赖辰在天正十年时是光秀的家臣。其实赖辰和光秀本来就有很深的关系，那就是他们都属于土岐氏，石谷氏本来也属土岐一族。

石谷氏和明智氏同为土岐氏，是以坚固的凝聚力而自豪的一族。加上明智氏和石谷氏还同为幕府奉公众，世世代代都有联系。幕府官员名册中的番帐②上，明智氏和石谷氏的名字都列在其中，作为幕府家臣，他们曾是同事。

谷口研语的著作中提到"上野沼田藩主土岐家所传

---

① 室町幕府官职名。室町时代的政所与镰仓时代的职责不同，一般负责处理与财政和领地相关的诉讼。其长官称政所执事，执事的代理人称为政所代。室町时代这一职务为蜷川氏世袭。

② 指日本中世时期，记录番众的成员及其出仕时间、值班时间的手册。

的《土岐文书》等一系列与土岐氏相关的文件之中，有将南北朝时代以来的土岐明智氏、土岐石谷氏集中在一起的古文书群"，这显示了两家的深厚关系。因为明智氏和石谷氏之间有姻亲关系，故而可以认为两家的古文书是一起留存下来的。

两家既然有如此关系，作为两家的继承人，光秀和赖辰的关系自然匪浅。所以有可能是以永禄六年（一五六三）元亲结婚为契机，元亲和光秀也开始了交往。再通过赖辰，两人的关系渐深。之后，光秀作为藤孝的家臣参与了上洛前义昭和信长的交涉，受到信长的知遇，也和元亲之间建立了关系。

掌握四国问题关键的石谷赖辰

现在，出现了一个谜一样的关键人物——石谷赖辰。

赖辰在历史上完全是无名之辈，只有《元亲记》中记载了他是"光秀的家臣"、"斋藤利三之兄"以及"光秀派遣去说服元亲之人"等信息。

最早关注赖辰的，是生于高知县的历史研究者朝仓庆景。让我们在朝仓研究的基础上来窥探石谷赖辰的人物形象。

光秀灭亡后，赖辰带着自己的儿子和斋藤利三的儿子在长宗我部元亲的庇护下逃往土佐。记录天正十六年（一五八八）检地①结果的《长宗我部地检帐》等文书也印证了他们当时住在土佐。

在本能寺之变前，赖辰曾为了说服元亲前往土佐，他们当时可能已就谋反的计划以及万一失败时的退路进行了商量。对于元亲来说，赖辰是自己正室的兄长，考虑到意外情况，做好他们逃往土佐的准备也是自然的。后来逃往土佐的计划也由赖辰一手安排，明智方的不少人都逃脱了。据说当时利三的妻子和女儿斋藤福（后来的春日局）也曾逃到土佐，故而这个说法为真的可能性很高。

逃到土佐的赖辰受到元亲令人惊异的优待。元亲收赖辰为家臣，给了他自己居城冈丰城②下的宅邸；而且将赖辰的女儿迎娶为嫡子信亲的正室。长宗我部氏连续两代迎娶土岐石谷氏为正室，而且这次娶的只不过是逃到土佐的亡命者的女儿。

后来，在天正十四年（一五八六）长宗我部氏作为秀吉的九州征伐③军的一员参与对岛津氏作战时，嫡子信

---

① 指日本中世至近代所实行的农田面积和收获量调查，相当于现在的税务调查。
② 位于今高知县南国市。
③ 又称"九州平定"、"九州之役"、"岛津攻略"等，是丰臣秀吉在1586～1587年率领诸大名攻打九州岛津氏的一场战役，以秀吉胜利、岛津家臣服告终。

本能寺之变

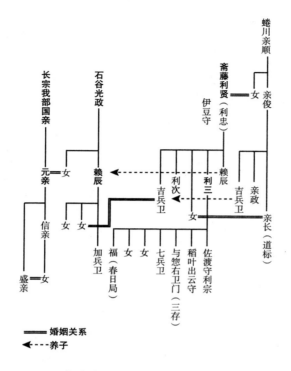

长宗我部氏和石谷氏的关系图

亲和他的岳父赖辰在丰后户次川合战①中战死。据说元亲
的悲痛非比寻常。

被秀吉剥夺了统一四国的梦想，现在连继承家业的嫡
子也没了。在这样的沉重打击中，元亲在指定四儿子盛亲

———————————————

① 九州征伐中，1587年1月发生在九州丰后国户次川一带的一场战
役。岛津军胜利，丰臣军的长宗我部信亲和十河存保战死。

为自己继承者的同时，还让盛亲迎娶了信亲的女儿——有两位反对此事的老臣被命切腹。

看来元亲曾试图将长宗我部氏和土岐石谷氏一体化。既然石谷氏已经失去了作为连通中央政权渠道的价值，那为什么元亲还如此执着于其血缘呢？我只能将其解释为为了"回报石谷氏将长宗我部氏从灭亡的危机中拯救出来的恩情"。这不仅是对赖辰的报恩，也是对光秀的报恩。

如此看来，虽然斋藤利三确实作为谋反的实施者起了主导作用，但作为策划者主导谋反的应该是他的兄长赖辰。

畿内四国同盟遭遇的危机

光秀和长宗我部元亲开始亲密交往时，还只不过是侍奉藤孝的中间而已。后来他成为义昭的幕臣，再经信长提拔，意想不到地出人头地。元亲通过土岐石谷氏这条人脉，攀上了此时如日中天的光秀。对于光秀来说，最初不过是土佐豪族的元亲，其重要性后来也在逐渐增强。光秀虽然得到信长的信赖，但在织田家始终还是个外人。在这种岌岌可危的位置上，支持他的除了代代结下深厚关系的土岐一族和旧家臣外，长宗我部在关系网外围也逐渐成为一个不可忽视的存在。

本能寺之变

　　光秀通过与大和（今奈良县）的筒井顺庆①、摄津（今大阪府、兵库县的一部分）的荒木村重②、丹后（今京都府北部）的细川藤孝、近江高岛（今滋贺县西北部）的织田信澄等人结下姻亲关系来加强彼此的合作关系，巩固了在以根据地近江坂本（今滋贺县西南部）和丹波（今京都西部）为中心的畿内地区的势力。

　　可以认为，光秀和元亲两方各自在畿内和四国逐渐扩大势力范围，与此同时加深彼此的联结，并建立了非常坚固的同盟关系。

　　对于光秀来说，长宗我部氏不是单纯的同盟者，他们与土岐石谷氏有亲缘，故而这个同盟是在"长宗我部氏也是土岐一族"的同族认同下建立起来的。以关键人物石谷赖辰为中心，光秀和元亲作为同族的亲密度也得到了加强。

　　其实，土岐氏和四国本来就有很深的缘分。镰仓时代末期第三代土岐氏的光定做了伊予守以后，土岐氏一直继承着伊予守一职。因此至今在四国各地，特别是在伊予（今爱媛县）还居住着许多土岐氏的后裔。室町时代初期

土岐氏最鼎盛之时，除了领地美浓、尾张、伊势之外，四国对于土岐来说也是特别的存在。

光秀以近江、丹波、丹后、大和的畿内一带为势力范围，本来应该是打算与利害一致的长宗我部元亲合作，建立畿内四国同盟。在织田家根基较为薄弱的光秀期待这个同盟能在未来成为支持他的力量。

但是，随着信长对四国政策的改变，这个同盟也走向了崩溃——光秀的盟友长宗我部氏甚至面临被织田军消灭的危机。

实行被称为"一领具足"① 的半农半兵制的长宗我部军，在专业战斗部队的织田军面前简直是螳臂当车。光秀十分清楚，信长对敌对势力一律斩草除根。因此，无论如何光秀都想要阻止征讨长宗我部的军队渡海前往四国。

对于光秀来说，长宗我部的灭亡就好像失去左右手一般痛苦。征讨长宗我部导致的不单单是让光秀颜面尽失或是在事业竞争上输给秀吉这种层面的问题，而是在氏族层面将要发生的光秀和长宗我部的畿内四国同盟即将崩溃的重大问题。

---

① 一种半兵半农、兵农合一的兵役制度。"具足"是盔甲的意思。长宗我部元亲规定，凡拥有三町（约三公顷）以上土地者，每户必须准备一副盔甲，平时务农维生，战时必须穿上盔甲投入战斗。

第6章
信长进行的大改革

织田家的长期政权构想

我们也可以在此暂停历史搜查，直接做出"谋反动机就是为了阻止对长宗我部的征讨"的结论。但是，这真的至于让光秀感到"关系一族存亡"吗？仔细想想，就能发现长宗我部的灭亡并不能与光秀所感到的"关系一族存亡"直接联系起来。

可是，如果光秀要面临某种更艰难的境遇的话，那又会是什么呢？

天正十年（一五八二），这一年日本的政治状况发生了很大变化。从信长拥奉义昭上洛算起已有十四年，信长实现统一天下的目标已经指日可待了。

就在仅十年前，信长还与武田、浅井、朝仓、石山本愿寺、伊势长岛一向一揆①等为敌，甚至还面临着武田信玄上洛②这个最大的危机。从那时起，信长在天正元年（一五七三）流放义昭，消灭浅井、朝仓，次年平定长岛一向一揆，更在后年的长篠合战③中击败武田胜赖，彻底脱离危机。

天正四年（一五七六），信长在修建安土城的同时开始进攻石山本愿寺，又平定了松永久秀以及荒木村重的谋反，于天正七年（一五七九）平定丹波、丹后，次年更降伏了石山本愿寺。其后，剩下强敌武田、毛利、上杉中。终于，在天正十年（一五八二）三月，信长将最大的敌人武田氏消灭于天目山。

关于武田灭亡对信长的重要意义，也有相应的证言。既是朝廷中的重要人物，同时又担任负责朝廷与武家联

---

① 一向一揆，是日本战国时代净土真宗（一向宗）本愿寺信徒发起的一揆之总称。

② 信长拥立足利义昭上洛成为将军后，二人的关系开始不断恶化。后足利义昭向日本各实力派大名发出御内书，下令让他们讨伐信长。武田信玄（1521—1573）便是其中颇具实力的大名之一。他于1572年举兵上洛讨伐信长，于三方原大败信长的盟友德川家康军。后因信玄病逝，武田退兵，上洛行动也随之告终。

③ 长篠合战，一作"长筱合战"，是1575年6月在三河国长篠城—设乐原一带爆发的一场战国时代的著名战役，在世界战争史上也有重要地位。交战双方为织田德川联军和武田胜赖（武田信玄之子）军。合战以织田德川联军的胜利告终，武田家多位名将战死，从此走向衰落。

系、交涉的武家传奏一职的劝修寺晴丰在其所著的《日
日记》中，于天正十年六月的日记里写道："关东为其所
破，可堪庆贺，宜为将军。"（関東打はたされ、珍重候
間、将軍になさるべきよし）

对于朝廷来说，如何安置信长是长时间悬而未决的难
题。对于"三职推任"的问题，也就是该让信长担任征
夷大将军、关白、太政大臣①中的哪一职一直没有结论。
因此晴丰写道："灭亡武田乃可喜可贺之事，应让信长做
征夷大将军。"征夷大将军是武家的统领，想让信长就任
此职就从实质上认定了全国的武家均归顺于信长。武田氏
的灭亡决定了天下大势，人们认为毛利氏和上杉氏降服于
信长只是时间的问题。

那么，信长自身是如何构想自己的政权的呢？

很明显，信长计划建立坚固的"织田家长期政权"。
根据这个构想他果断进行了政权结构的改革，并稳健地对
权力和领国进行重组。

第一次结构改革在解决了石山本愿寺问题的天正八年
（一五八〇）进行。这时，信长流放了谱代家臣②佐久间

①　均为日本古代官职。关白是摄政一职在天皇成年后的称呼。摄政与
关白合成"摄关"，在平安时代摄关曾架空天皇掌握政治实权，后
走向衰落。太政大臣是律令制下日本的最高官位，属于一种名誉职
位。

②　指数代侍奉同一个领主的家臣，比一般家臣更受主家信赖。

信盛、林秀贞、安藤守就、丹羽右近等人，大幅度施行对政权和领国的重组。这次是"从谱代到实力派"的政权重组。因此谱代家臣衰落，光秀、秀吉、泷川一益等实力派家臣被提拔为织田家臣团的主流。

这个事件常常被当作表现信长赏罚分明、个性严厉冷酷的典型例子。但这不过是不懂经营学的人做出的评价——在分给家臣的官位和领地有限的情况下，信长要厚待真正不可或缺的实力派家臣，必然要把这些资源从他人处收回再分配。

接着，第二次结构改革是"从实力派到织田家直辖"的政权重组。

信长给了已经二十多岁的信忠、信雄、信孝三个儿子重要的地位和领地，同时把一直支持自己的武将们分作不同方面的军队司令派遣至远国，进而开始对已征服的领地进行改封。信长已经把秀吉派往中国地区，将柴田胜家派往北陆①，并在武田氏灭亡后，将泷川一益改封到关东的上野（今群马县）。这很明显是走向织田家直辖制的改编措施。信长企图将分给实力派家臣的领地通过再分配使其集中在织田家手中。

---

① 指日本古代令制国的越前、越中、越后、加贺、能登五国，约相当于今新潟县、富山县、石川县和福井县。

本能寺之变

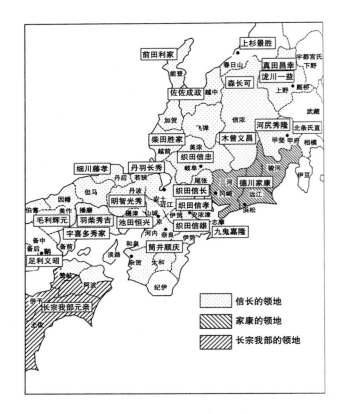

本能寺之变前的势力分布图

　　已将家督①之位传给嫡子信忠的信长，打算将美浓、
尾张、甲斐②、信浓③赐给信忠，将伊势、伊贺赐给信雄，

――――――――――

① 家督即家长、户主之意。一般适行嫡长子继承制。

② 日本古代令制国之一，约为今山梨县。

③ 日本古代令制国之一，约为今长野县。

等长宗我部灭亡后，将四国赐给信孝。他希望在给三个儿子广阔领地的同时，巩固以安土、京都为中心的织田家直辖领地。

　　这肯定是身为织田家族长的信长，经仔细考虑如何在自己死后维持织田家安泰的问题而做出的决断。

　　仅自己一代繁荣昌盛是没有意义的。这不仅是信长，也是作为一族之长的武将们共同的想法。源平两雄的平清盛①和源赖朝②也仅维持了自己一代的繁荣，而到了子孙一代就灭族了。这悲惨的故事经过《平家物语》和《吾妻镜》等作品的渲染铭刻于武将们的心中，让他们谨记绝不能重蹈覆辙。

信长的"入唐"

　　其实信长还构想了更大的计划。

　　可惜的是，在日本国内没有留下记载这个宏大计划的史料，但在葡萄牙有记载信长明确表达过此意的史料。弗洛伊斯的《一五八二年日本年报追加》和《日本史》都

---

① 平清盛（1118—1181），日本平安时代末期武将、公卿。日本武家政权的鼻祖，他去世之后平家很快衰落。

② 源赖朝（1147—1199），日本镰仓幕府首任征夷大将军，幕府制度建立者。其子源赖家继任征夷大将军仅一年即被废黜，其孙源实朝更沦为傀儡将军。

本能寺之变

记载了此事:

> 　　信长仿佛已经实现了一切似的，决定前往京都，并从京都向堺市进军，准备在平定毛利、成为日本六十六国的绝对君主之时，组织一个大型舰队以武力征服支那，然后将诸国分给自己的儿子们。

> 　　而且，他已经赐给继承人长子（信忠）美浓、尾张二国，今后还要加上新占领的甲斐国主所有的四个国①，赐给称作"御本所"的次子（信雄）伊势、伊贺两国。为了平定四国的四个国②，信长又派遣了进军京都时的先锋、被称为"三七殿"的三子（信孝）率军出征。

　　这段文章后半部分写的——将美浓、尾张、甲斐、信浓、上野、飞驒③赐给信忠，将伊势、伊贺赐给信雄，将四国赐给信孝的记述——与史实基本一致。前半部分写的"以武力征服支那"看似荒诞无稽，但从后来秀吉实行"入唐"一事来判断的话，也是十分有可能的事情。"入唐"原本是信长的构想。综上来看，这篇文章的可信度

---

① 此处应指甲斐、信浓、上野、飞驒四个令制国。
② 此处应指伊予、土佐、阿波、赞岐四个令制国。
③ 日本古代令制国之一，约为今岐阜县北部。

很高。

信长构想以后让儿子们分别统治日本国内，把有实力的武将们派遣到国外进行征讨，然后把得来的土地分给这些武将们。他早就预见国内终将不会再有足够的领土用于赏赐——这就是他经过理性判断后所下的结论。

在截至目前的定论里，此事因日本国内完全没有记载却出现在耶稣会的记录里，被认为是不合理的，所以一直不被重视。连秀吉的"入唐"都被当作夸大的妄想来对待，信长的这番话就更被当成天方夜谭了。

但是，我们忘了一个重要的事实，那就是日本史上的战国时代正好与世界史上的大航海时代重合。这两个时代经由信长和耶稣会被联结了起来。

永禄十一年（一五六八）足利义昭和信长上洛后，弗洛伊斯就在次年四月相继拜访了义昭和信长，并从信长处得到了允许传教的盖有朱印的官文。他从一开始就得到了信长的信任，并得到在京都建立教会等许可，和信长建立了亲密的关系。

弗洛伊斯在天正四年（一五七六）十二月将职位让给继任的奥尔甘蒂诺后返回九州。奥尔甘蒂诺也和信长保持了良好关系。特别是在天正六年（一五七八）荒木村重谋反之时，奥尔甘蒂诺策反了村重方的切支丹大名高山右近，更加深了信长对他的信赖。

天正八年（一五八〇），奥尔甘蒂诺拜访信长时带去了地球仪，信长对此兴趣颇深，向他询问了许多问题。信长问了奥尔甘蒂诺是如何从欧洲来日本的，在听他说明以后非常震惊，并称赞了他的勇气和坚强的内心（《一五八〇年日本年报》）。

信长完全理解了他的经历和想法，并且感到很满意。信长充分理解了世界是巨大的球体，日本在地球上只是很渺小的存在；欧洲人从令人惊异的远方渡海过来，他们有通过海路长距离行进的能力。

信长连听奥尔甘蒂诺讲了三个小时还不够，后来又找别的机会把奥尔甘蒂诺招来听他讲话，还提出想去教会参观（《一五八〇年日本年报》）。这意味着信长在这一天得到的信息有出人意料的重要意义，信长肯定发现了耶稣会的利用价值。

信长的"征服者"

在这样的基础上，葡萄牙本国派出的巡察师范礼安来到京都。派遣范礼安的目的是强化耶稣会在东亚地区的传教活动，而弗洛伊斯作为翻译与之同行。

范礼安一行人在天正九年（一五八一）二月从九州来到京都谒见信长，并将从本国带来的时钟和雕花玻璃制品等送给了信长。信长十分高兴，花了很长时间询问了有关巡察师的身份和从欧洲过来的航路的事情。

三天后，信长招待范礼安一行人参加光秀负责举办的阅兵仪式——正亲町天皇①也出席了这次典礼，这属于最高级别的欢迎仪式。信长没有将巡察师范礼安视为单纯的传教士，还将他视为耶稣会于亚洲地区的总负责人以及代表耶稣会的大使。

然后，到了三月，仿佛追随回到安土的信长一般，范礼安一行人也出发前往安土。根据记录，他们在安土逗留到七月，其间受到信长的款待，和信长至少进行了四次会面。

此时，可算作耶稣会高官的范礼安和信长肯定就国家战略进行了商讨。之所以这样推断，是因为这是信长最关心的事情。

一四九二年，西班牙在完成了将伊斯兰势力完全赶出伊比利亚半岛的收复失地运动②后，将国内积蓄的军事能量散发到了海外。西班牙将号称"西班牙征服者"（*Conquistador*）的冒险家军队派往国外。

西班牙征服者们陆续登陆美洲大陆。经过一五二一年

---

① 　正亲町天皇（1517—1593），日本第 106 代天皇。
② 　又称"再征服运动"、"列康吉斯达运动"，是 718～1492 年西班牙人反对阿拉伯人占领，收复失地的运动。

本能寺之变

科尔特斯征服阿兹特克帝国①、一五三三年皮萨罗覆灭印加帝国②等事件，西班牙的殖民地得到扩大。之后西班牙人更是打入亚洲，在一五七一年（元龟二年）将菲律宾变成西班牙的殖民地，这是信长与范礼安会面整整十年前发生的事情。

发现国内终将无地可供分给家臣的信长，从范礼安处听到这样的事情，便有了征服大明继而将其分赐给诸位将领的念头。于是，他准备将光秀和秀吉等实力派家臣培养成征服者。此时战国时代已持续百年，日本国内军事力量充盈，弥漫着扩张领土的欲望。信长打算像西班牙一样将这些力量散发到国外去。

可是，当时日本既没有能横渡中国东海将大军送往中国大陆的大型军船，也没有能操纵大型军船的航海员。信长应该是期待通过耶稣会得到葡萄牙的援助，然后再通过外交手段，以允许葡萄牙像在日本一样在大明传教的条件请求耶稣会的支持。而在仅十年后，秀吉已就有关置办军舰的问题与耶稣会进行了交涉，甚至到了试乘这一步。

---

① 阿兹特克是 14～16 世纪位于墨西哥的古文明。1519 年西班牙人埃尔南·科尔特斯率军入侵阿兹特克帝国，并在不到五年内将之征服。

② 印加帝国是 11～16 世纪位于南美洲的古老帝国。1531 年西班牙人弗朗西斯科·皮萨罗率不到二百人进攻印加帝国，其征服印加帝国的具体过程可参见麦夸里《印加帝国的末日》一书。

就这样，信长向范礼安讲述了自己"入唐"和国内再分配的构想，而弗洛伊斯作为翻译把这些构想尽收耳中。

还有一件事能侧面证明信长确实曾有这样的打算，那就是秀吉后来的行动。弗洛伊斯在《日本史》中记载，秀吉决定出兵朝鲜时曾说："我将对很多国和领地进行改封。凡参加此次计划的，均将在朝鲜或支那获赐领地。"而且，弗洛伊斯还记录了秀吉进攻朝鲜获得连胜时高兴的模样："关白内心有明确而坚决的意向，他强烈渴望将自己所忌惮的、有可能在将来带来某种障碍的所有大名或高官赶出日本。在该愿望实现之时，他会将日本诸国如自己所愿分给自己的家臣、友人，以及其他自己愿意分给的人。"秀吉便如此沿袭了信长的想法并想将之付诸实践。

之所以日本国内没有留下相关记录，是因为武将们当时可能都不知道这件事。一部分人通过和弗洛伊斯亲密交往的高山右近等切支丹大名得知了这个消息，这令人震惊的内容让他们对未来产生了警戒心，光秀当然也一样。

从弗洛伊斯在《日本史》中对日后秀吉决定出兵朝鲜时的记述可以推测，当时得知信长计划的武将们心中的不安在不断增大。弗洛伊斯认为人们对于加入这个可能被置之死地的入唐计划抱有反感，而一定会有强有力的武将发动谋反。由此可知，这个计划在心理上带给人们多大的冲击。

最终，信长的这个计划成了引发本能寺之变的一个原因，所以知道内情的人反而不好留下记录——毕竟秀吉已经公开宣称本能寺之变是由于光秀夺取天下的野心和对信长的私人怨恨。总之，天下人秀吉统治了下一个时代。

谋反的真正动机

光秀已经不年轻了。《当代记》中记录，光秀享年六十七岁。另外，在弗洛伊斯写的《一五八二年日本年报追加》中记录了光秀嫡子光庆的年龄是十三岁。虽然不明确这个是不是正确的年龄，但大概光庆就处于这个年龄段。光秀本人年事已高，而嫡子尚且年幼——光秀为了儿子一代族人的生存和繁荣肯定得加倍操心。

在信长为了织田家一族的生存和繁荣做好计划并一步步朝着目标做准备的时候，光秀却即将失去强有力的同盟者——长宗我部。

而且更重要的是，很明显光秀迟早要上交位于以安土、京都为中心的日本中枢地区的领地近江和丹波，然后被改封到边远地区。光秀的领地到最后还保持在中枢地区，这证明他曾深受信长信赖。可是，在织田家长期政权的构想下，没收光秀现有领地并将他改封到远国已是既定路线，身为信长心腹的光秀非常清楚这一点。

改封远国意味着光秀到此为止辛辛苦苦经营的家臣集团将被打散和削弱，同族和谱代家臣都要跟随光秀去往新的领地，与祖上传下的土地以及亲人朋友分离，这势必会动摇人心。另外，家臣中的旧幕臣也终将面临是否离开京都周边的选择，而来自近江以及丹波的家臣将留守原地侍奉新的领主。

光秀从自身管领丹波的经验中明白，要想将新的领地的家臣和自己的家臣融合在一起并非轻而易举的事情，即便是在丹波也有人无法心悦诚服地接受作为敌人侵略过来的光秀。仅靠自己被削弱的家臣团，光秀真的能够顺利地治理新领地吗？光秀在自己这一代解决这个问题的时间并不充裕，而且还会引发下一代的继承危机，他大概曾经多次思考过这些问题。

光秀自己的嫡子光庆和信长的嫡子信忠之间是否能建立如自己和信长般的信赖关系也是一大隐忧。即便在自己这一代总算保住了信任，可是这个危机到了儿子一代还是可能来临。到了那时，自己已经不能再帮助儿子了，所以光秀苦思必须要在自己还活着的时候为此做好筹谋。

这时他听说了信长的"入唐"，这对他来说宛如晴天霹雳。光秀相信只要支持信长统一天下，那么持续了上百年的战国时代就会结束，世间将迎来和平，为了这个信念他一直东奔西走、鞠躬尽瘁。而光秀明明认为不久后这一期望就能实现，却发现自己还得继续作战下去。而且，这次是要渡过大海，在见都没有见过的异国他乡展开作战，而这可能不是发生在自己身上，而是发生在自己的子孙身上的事情。到了儿子那一代，一族可能将被发往异国，最后灭亡。

如果不让信长已经开始转动的统一天下的齿轮在某处真正停下，那么自己这一族将会迎来灭亡。光秀必须在一族开始被削弱之前尽早让齿轮停下来。从征讨长宗我部开始，继而改封远国，最后去往中国大陆，这个趋势是光秀无论如何都要停止的。这就是光秀谋反的动机。

光秀必须在某处停下已经开始转动的齿轮，可是他几乎没有谋反成功的机会。光秀肯定思虑甚多，极其烦恼。

要想谋反成功，首先要在谋反一开始就果断地杀掉信长及其嫡子信忠。信忠也必须被杀掉的原因是他已经继承了织田家家督之位，掌控着织田家直属的织田军。接着，要制伏驻扎在近江、美浓、尾张、伊势、伊贺的畿内织田军，为此要占据安土城。之后，还要制伏灭掉武田氏从而进驻甲斐、信浓、上野的织田军。

要如何在短期内实现如此多的事情呢？只要光秀能在短期内实现这一切，持观望态度的武将们肯定会加入自己一方，而一旦拖延，攻击上杉的柴田胜家、攻击毛利的羽柴秀吉将返回与织田军会合。因此，光秀必须在那之前完成一切工作。但事实情况是，光秀肯定没能想出好的办法。

就在此时，一个千载难逢的机会出现在他的面前。光秀做出了谋反可能成功的判断并决意谋反。若非如此，他也不会决心发动这次一旦失败便会面临灭族危险的谋反。放掉这次机会，将不会再有第二次。光秀想着"如今正是好时机"，便做了谋反的决定。

这究竟是一个怎样的机会呢？如果不能将它弄清楚，我们就无法看清本能寺之变的全貌。

第三部

解析谋反全貌

第7章
本能寺之变是如此策划的

六月二日的未解之谜

对于六月二日本能寺之变当天发生的事情，定论中完全没有说明的重要史实有四个，成为定论的"疏忽大意说"和"偶然事件说"都不能合理解释这四个谜团。而定论以外，人们所提出的其他各种解释，比如"黑幕说"和"冤罪说"也一样。不仅是动机，如果人们提出的谋反实施过程也不能合理解释这四个谜团，那么就不能算是探明了本能寺之变的全貌。

家康、顺庆被召之谜：当天信长在本能寺有何打算？

六月二日早晨，德川家康和重臣们共计四十人左右从堺市向本能寺出发（《茶屋由绪记》）。同样，大和的武将筒井顺庆也在前往本能寺的路上（《多闻院日记》）。信长把他们叫到本能寺打算做什么？

信长从安土出发时带了大量的茶道用品（《全译弗洛伊斯日本史》）。这样看来，信长有可能准备在本能寺召开款待家康的茶会，于是召集了相关人员。光秀也受到邀请，知道了茶会的计划。他认为有机可乘，故而谋反。织田信忠住在本能寺附近的妙觉寺里，他作为接待人员当然也被召来参加茶会。这样的话，如果光秀等信忠、家康到达后再动手，那不光是信长，连信忠、家康都能一网打尽。为什么他没这么做呢？

织田信忠被忽略之谜：光秀为何会忽略信忠？

虽然织田信忠受信长之命与家康一行人同行，但他更改了前往堺市的行程，于五月二十九日前往京都并于妙觉寺留宿。六月二日，信忠知道本能寺遭到袭击的消息后转移至二条御所，据守城内。光秀没有察觉到信忠据守在二条御所，因此他在本能寺杀掉信长后才不慌不忙地包围了二条御所（《信长公记》）。

光秀漏掉了在本能寺附近的妙觉寺里停留的信忠，说明从五月二十九日到六月二日清晨的袭击中，光秀完全没有监视本能寺周边的情况。在绝不能有漏网之鱼的谋反过程中，这种粗心大意的事情有可能发生吗？光秀需要监视本能寺中信长和家臣的出入就不必提了，连信长的军队在京都的出入都是必须要盯紧的。

　　和往常一样，因此就有研究者简单地认为是由于偶然出了某些差错光秀才没有同时讨伐信忠，可是，有可能发生如此粗心大意的军事行动吗？光秀可是被弗洛伊斯评价为"因其才略、深谋远虑以及狡猾而受信长宠爱""在战争上擅长谋略，富有忍耐力，是计策谋略的高手"的人物。他不可能会犯这么幼稚的错误。

进军安土城之谜：光秀为何毫不犹豫地向安土城进军？

　　信长对公家们说过自己将于六月四日出征西国①（《日日记》），那么安土城中应该正在集结做好出征准备的织田军，所以织田军理当可以据守安土城内或者出去迎击光秀军。安土城三面环琵琶湖，唯一连接陆地的南面当然也有护城河，织田军只要据守城内打持久战必能取胜。

　　可是杀掉信长、信忠的光秀在六月二日这天毫不犹豫地进军安土城。在安土城中的织田军没有据守却直接撤退，让光秀军兵不血刃就进了城。光秀又是如何预知到这些的呢？

---

① 西国泛指日本西部地区。此处指信长准备出兵讨伐毛利。

信长疏忽大意之谜：信长在本能寺中为何会毫无戒备？

定论中信长是因为疏忽而被光秀所杀的，可是弗洛伊斯评价信长"在战术上极其老练"，很难想象他会犯如此低级的错误。信长是出于什么考虑而毫无戒备地在本能寺迎接六月二日的到来呢？

可能有人说"本能寺中没找到信长的遗体"是第五个谜，虽然有点跑题，但我还是解释一下。这是加藤广在《信长之棺》里设定的谜题。这本书曾作为畅销书被广泛传阅，但它归根结底也只是本小说而已，这个谜也只不过是小说家为了让故事精彩而创作出来的情节罢了。

将小说和史实混淆流传的现象其实是重演了江户时代的现实。军记物作为江户时代的小说曾广泛流传，里面的故事不知何时成了连历史学者也认同的定论，说不定三百年以后这个谜也会被当成定论。

要解开这个"谜"其实很简单，答案就是"物理现象"。

只要看了新闻或者电视的火灾报道，应该立马就能明白其中的原理。假设 A、B 夫妇二人的住宅着火，在现场发现了两具烧焦的尸体。这种情况下，新闻肯定不会报道成"发现了 A 和 B 被烧焦的尸体",而是报道为"发现了两具烧焦的尸体,正在确认身份"。

即使明知道那个房子里面只住了 A 和 B 两人,新闻也会这么报道。为什么呢?因为烧焦的尸体损毁严重,无法判别身份,必须经过 DNA 鉴定才能确认。

在见惯了烧焦尸体的战国时代,"烧焦的尸体身份是无法确认的"是人所共知的常识。所以不希望首级被砍的武将会在自己死前放火烧城或府邸。从本能寺被火焰包围的那一刻起,光秀肯定已经放弃了取信长首级的想法。"没找到信长遗体"是战国时代的常识,把它当作谜的人不过是因为在现代那已经不再是常识罢了。

关于光秀出兵的解答

接下来让我们用历史搜查的方法来解开这四个谜团。

光秀的士兵留下了颇具深意的证言。这里所谓士兵的证言,指的是光秀军队中名叫本城惣右卫门的士兵关于自己年轻时的功劳事迹的记录。开头部分是他作为丹波士兵与明智抗战时的英勇事迹,中段是他作为光秀的士兵攻入本能寺的记录,后面是他成为秀吉的士兵后作战的事迹。

其中有关他攻入本能寺的记录里有极其重要的内容,我将这一部分摘要如下 (《本城惣右卫门觉书》):

本能寺之变

　　有人说明智谋反，信长公被迫切腹时，我等打头阵进入了本能寺，这都是假话。因为我等做梦都没想过逼信长公切腹。当时，太阁公正在备中征讨毛利辉元殿下。我们以为明智光秀会率军前往援助。本以为会前往山崎方向，没想到却被命令前往京都。当时家康公也在京都，所以我等一心想着这是针对家康公的。

　　这里写道："我等做梦都没想过逼信长公切腹……本以为会前往山崎方向，没想到却被命令前往京都……所以我等一心想着这是针对家康公的。"我们可以得知不仅是惣右卫门，士兵们都以为自己是"受信长之命去讨伐家康"的。

　　下面我来检验惣右卫门记录的可信度。

　　前往山崎的记录部分和《信长公记》一致。《信长公记》六月一日的记录里写着"向士兵们传达了登上老山、从山崎出兵摄津国之地的命令"。光秀的士兵们接受了从龟山向东后从山崎（今京都府乙训郡）出兵摄津的命令，于是往山崎进发。

　　惣右卫门还写了很多其他的事情，比如他曾"跟随斋藤利三的儿子前往本能寺"，还有曾"把在本能寺抓到的一名女子移交给了利三"等。

　　这证明指挥袭击部队作战的是利三，和《言经卿记》中六月十七日"日向守内，斋藤内藏助，今度谋反之随一"（光秀的家臣中利三最为活跃）的记述基本一致，而且"有女性生还"这一点也和《信长公记》的记录一致。在《信长公记》的记述中就有信长说"女子勿在此受苦，速速出逃"，下令让女人们逃跑的内容。

而且仿佛印证本城惣右卫门所言一般，弗洛伊斯也在《一五八二年日本年报追加》和《日本史》里做了如下记载：

> 士兵疑惑如此行动究竟为何。有人认为明智可能是受信长命令，准备去杀信长的义弟三河之王（家康）。

弗洛伊斯和本城惣右卫门写的内容完全一样。

信长要杀掉家康，这要让现代人听了，谁都会大吃一惊，一定会不由得大叫"不可能"。为什么当时在现场的士兵们都毫不怀疑地这么想呢？而且完全不见士兵们吃惊的样子。如果大家预先没有这种心理准备是不可能这样的，那是什么让大家有这样的心理准备呢？

恐怕是因为事先曾放出消息称可能会发布这样的命令。如果不是这样的话，大家的反应根本不会是毫不吃惊，甚至是完全不觉得意外。

另外，为什么现代人听了都会大吃一惊呢？这是因为

本能寺之变

在四百三十多年间，谁都没有说过这样的话。虽然这在光秀的士兵里是常识，可是自从天正十年六月二日以来，就不再是常识了。知道真相的当事人光秀和信长都已经死了，"死人是不会说话的"。只要让其他知道真相的少数人保密，就能让真相逐渐变得不为人知、不再是常识。

要说"谁都没说过"也是不对的，只有一个人曾经谈及这件事，那就是说光秀侍奉过细川藤孝的江村专斋。将他说的话记录下来的《老人杂话》中写道："信长命令长谷川竹与家康同行，表面上带他参观堺市，实际上是准备瞄准时机杀了他。"而《信长公记》中也确实记录了信长让长谷川竹与家康同行一事。

到专斋去世的宽文四年（一六六四）为止，信长想杀掉家康一事应该属于广为人知的事情了，而在后来这件事与光秀侍奉过细川藤孝的事情一并变成了不为人知的事情。

现代也有研究者断言"信长不可能在那个节点杀掉家康"，我很怀疑现代人是否能真正明白信长的战略。他可是被评为"下决断极为隐秘……在做出艰巨困难的谋划时极其大胆无畏"的战国武将。预估他的行动可比门外汉预估本因坊①的围棋或是名人②的将棋的下一步还要

---

① 日本江户时代围棋四大家之首。
② 围棋、将棋第一流高手的称号。

难得多。

历史搜查没有把思考停止在这种无意义的概念论上，而是通过科学验证来考察光秀士兵的证言是否妥当。如果我们假设光秀士兵所言为真，那么前面的四个谜团是否能解开呢？如果能解开的话，哪怕从现代的常识来看这是极其脱离常识的，那我们也势必要采信光秀士兵的证言。

解开家康、顺庆被召之谜

信长当天在本能寺打算做什么呢？答案正如光秀的士兵所言。假设信长把家康叫到本能寺是为了让光秀杀掉家康，那么一切都合理了。

如果想要杀掉家康的话，那么被弗洛伊斯评价为"具有良好的理性思维和明晰的判断力，下决断极为隐秘，在战术上极其老练……在做出艰巨困难的谋划时极其大胆无畏"的信长会怎么做呢？

是在家康领地三河的边境秘密集结大军，然后一举入侵，进行闪电作战吗？

但是，这种方法会带来全面战争，即便最后能消灭家康，信长军也会受到极大损伤，一不小心还有可能会发展成持久战。对于正和上杉及毛利对峙的信长来说，军队的损伤和持久战都是必须避免的。

最好的方法是什么呢？那就是将家康和他的重臣们集聚一堂，将之一举消灭，然后进攻三河，制服丧失指挥的德川军。这样的话能在短期内结束战斗，己方也会避免损伤。光秀士兵所说的正是这个最好的办法。

信长邀请家康君臣以及从武田叛降的穴山梅雪到安土城做客。根据《信长公记》中的记录，二人前去均是为了向信长致谢，家康是为受封骏河①一事，梅雪则是为本领安堵②之事。家康带着重臣们于五月十四日抵达安土城附近的近江番场③，在安土城的招待宴会后，于五月二十一日离开安土，前往参观京都、大阪、奈良、堺市。二人这次参观是受信长之命，并由信忠和长谷川竹（秀一）作为导游同行。这样一来家康一行就成了瓮中之鳖。

之后信长邀请行至堺市游览的家康和其重臣四十人左右于六月二日到京都本能寺，并安排光秀的士兵趁信长离席之际将家康一行人一网打尽，然后马上发出命令，让光秀和筒井顺庆的军队进攻德川领地。这就是六月二日召集家康一行人以及顺庆到本能寺的理由。

那么，信长应该也可以在安土杀掉家康一行人，为什

---

① 日本古代令制国之一，约为今静冈县中部和东北部。

② 指日本中世时期，幕府或守护对领主的土地所有权的承认。

③ 中山道驿站之一，位于今滋贺县米原市。

么要将执行场所定为本能寺呢？

现代人要想完全看清"在战术上极其老练"的信长的意图是很难的，这可能是出于军事上的理由。因为如果在安土执行这一任务的话，其准备工作很容易被家康事先察觉从而引起他的警戒。

也有研究者称"信长不可能在那个节点上杀掉家康。要做了这种事，同盟者和家臣都会对信长失去信任而离开他"，但"在战术上极其老练"的信长当然会设法不让同盟者和家臣离开他，比如可假称"是家康谋反在先，欲取自己性命，所以才杀了他"，这样就名正言顺了。

大概是信长为了让这种说法站住脚，而故意上演了"守卫薄弱的本能寺"的桥段。谁都知道家康不可能在守卫森严的安土城发动谋反，即便不是像信长这样的战略家也能明白这种程度的小聪明吧。

解开织田信忠被忽略之谜

光秀为什么会忽略了信忠呢？这牵涉到了信长防止情报泄露的策略。

"下决断极为隐秘……极其大胆无畏"的信长为了绝不泄露谋杀家康的秘密肯定做好了准备，为此他只向光秀透露了自己准备谋杀家康的秘密，与之商谈并让他做好准备。能够证明这件事的记述隐藏在弗洛伊斯所写的"信长和光秀在安土城中的争执"的片段中。

这场争执发生在正在准备家康招待宴会的安土城里。耶稣会传教士路易斯·弗洛伊斯将当时发生的事情记录进了《日本史》（松田毅一、川崎桃太译《全译弗洛伊斯日本史》），内容如下：

> 信长在某间密室里和明智商谈有关这些活动的准备。（中略）根据大家的传言，光秀在某件不合他（信长）喜好的事情上顶了嘴。因为信长本来就很容易勃然大怒，更不能忍受对自己命令的反对意见，所以他站起来，愤怒地踢了明智一两脚。可是这是秘密，只发生在二人之间，所以后来民间没有传闻。

二人的争执对于光秀的谋反有重大推动作用。在这里，我想把关注点放在"信长在某间密室里和明智商谈有关这些活动的准备"上，这句话实在是很诡异。对于家康招待宴会的准备，信长和光秀为什么要在密室里，而且是两个人单独商量呢？

在这场欢迎家康的活动中，将会上演幸若大夫①的舞

---

① 对能乐中流派之长的称呼。

和梅若大夫的能①。信长和光秀是在密室里商讨演出节目和演出人员吗？怎么可能会有这么荒诞的事情？有必要在密室里商谈的肯定是绝不能为外人所知的事情，那就是谋杀家康的安排。

五月十三日之前，信长和光秀两个人已经在某地制订了谋杀家康的计划。信长借自己最信任的心腹光秀之手实施谋杀家康的行动，这就是两个人秘密制订的计划。

可是，信长精心准备的"谋杀家康"的计划，在光秀深思熟虑以后换成了"谋杀信长"的计划。它的实施极其简单，信长自己已经把所有步骤安排好。光秀只需要比信长指示的时间早几小时到达本能寺就行了，所以光秀根本没有监视上洛后信长周边情况的必要，他确信即使如此也肯定可以杀掉信长，于是决定谋反。

之后，本能寺的袭击完全如光秀所想。可是，京都发生了一件计划外的事情，那就是"信长的嫡子信忠也在京都"。

信忠与家康一行人同行，从安土前往京都、大阪、堺市。家康一行人在五月二十九日进入堺市，而信忠突然改变计划前往了京都。信忠在五月二十七日写给森乱丸的书信中写道："我听说信长将在未来一两日中前往安土，我

---

①　又称"能乐"，日本古典剧种之一。

取消了堺市的参观，将在京都迎接信长。"

信忠去京都等事并未出现在信长和光秀的密室商谈中，信忠本应和家康同行并一起行动。从信忠决定更改计划的那一刻起，丹波龟山城里的光秀就已经无法探知这个情报了，信长也没有将此事通报光秀的必要。因此在本能寺之变中，直到在妙觉寺的信忠转移至二条御所据守城内为止，光秀都没有注意到信忠的存在。这就是织田信忠被忽略之谜的答案。

解开进军安土城之谜

光秀当天为何毫不犹豫地进军安土城？这里涉及了信长的一个小计策。

信长将五月十五日来访安土城的家康一行人在二十一日送往堺市参观，其间信长做了以下的准备，那就是杀掉家康一行人以后进攻家康领地军队的出征准备。

这个准备从五月十七日就开始了。信长以准备援助秀吉出征中国地区为由给光秀放假，让他回到坂本城。五月十七日，家康还在安土城。为了让家康相信光秀的出征准备是为了征讨中国地区，信长故意和光秀上演了一场取消宴会招待资格的戏码。

之后，信长率先进入本能寺，于六月二日邀请家康一行人过来，让光秀在此杀掉家康，然后间不容发让光秀和顺庆的军队合流前往进攻家康领地。这一计划终于一步步地开始了。它的启动信号就是《信长公记》中记录的五月二十九日信长上洛的同时发出的命令——"通知各处我上洛的消息"。

《信长公记》里这样记录信长的上洛：

> （信长）在小姓二三十人的陪同下前往京都，在即将出征中国地区之际，令诸人做好出征的准备。（信长公）发此令后亦将即刻离京。因有此通报（御触れ），此次无人随行。

"御触れ"是通报各方面的意思。光秀、顺庆自不用说，家康也收到了通知，因此通报中刻意补充上了这是"为出征中国地区的暂时性的上洛"。出征中国地区的说法只是伪装，是为了不引起家康的警戒。

六月一日信长在本能寺中故意向公家们谈及"六月四日将出征中国地区"，这也是欺骗家康的伪装。信长本人此时并没有出征中国地区的打算。

在两则史料中呈现出的古怪分歧证明了这一点。这两则史料分别是此时受信长之命正在中国地区的秀吉授意写的《惟任退治记》和就在信长周围搜集见闻的太田牛一写的《信长公记》。两个史料中的记述完全不同。

《惟任退治记》是这样记载的：

> 卒尔合战不可然之旨有御諚，堀久太郎秀政差加
> 池田胜九郎、中川濑兵卫清秀、高山右近重友等遣
> 之，将军等相具信忠者至京都御前坐，重而惟任日向
> 守光秀为军使，早早令着阵，与秀吉可相谈，依合战
> 之行，可有御动坐之旨，严重也。
>
> （询问信长意见后得到尽量避免过早交战的命
> 令，派池田胜九郎、中川濑兵卫清秀、高山右近重友
> 等作为堀久太郎秀政的援军支援。信长命令信忠到京
> 都同行，还命令光秀作为军师尽快到达战地与秀吉商
> 讨战术，严肃传达了根据此次作战情况信长也可能出
> 征的命令。）

也就是说，信长不希望和毛利迅速决战，信长是否出
战也取决于作为军师被派遣过去的光秀和秀吉经过商量以
后所提出的报告情况，并非已经决定的事情。就这一情况
来看，我们可以知道织田和毛利之间的关系并不算非常
紧张。

可是在定论里面，当时毛利和织田处在一触即发的紧
张状态，信长被认为准备出战中国地区和毛利决一死战。

另一史料《信长公记》中也说信长认为"可乘此机出兵征讨毛利"，书中是这样写的：

> 秀吉包围了高松城，实施水攻。毛利、吉川、小早川的大军云集，与他对阵。信长听说此事，派堀久太郎秀政作为使者向秀吉转达可乘此机出兵征讨毛利，并命令光秀、长冈与一郎（细川忠兴）、池田胜三郎（恒兴）、盐河吉太夫、高山右近、中川濑兵卫（清秀）打头阵出战，所以让他们休假。五月十七日，光秀从安土城回到坂本城。

两则史料有明显出入，实际情况应该如正在当地与毛利对峙的当事人秀吉授意在《惟任退治记》中写的一样，信长自己根本既没做出战的决定，也没做相关准备。

《惟任退治记》可能是将秀吉接受信长命令的实际情况原封不动地记录了下来。也就是说，信长给在中国地区的秀吉所下的命令，和信长为了欺骗家康向外界有意散布的信息是不一样的，这就是《惟任退治记》和《信长公记》记述不一样的原因。

光秀知道，"信长出征中国地区"只是迷惑家康的伪装，安土城中没有准备出征中国地区的军队而且防守薄弱，所以光秀估算能轻易地进入安土城，于是毫不犹豫地向安土城进军。

目前对于光秀所发动的军队人数还没有定论。《惟任退治记》中写着两万，但这不一定是真的。弗洛伊斯的《日本史》里写光秀为出征中国地区带了七八千人，包围本能寺的有三千人。不管哪个数字是真的，光秀的军队都无法在人数上压倒本应集结在安土城里的近江信长军，但光秀的确是在这种情况下向安土城进发的，也就是说光秀早就确定即便如此也能占领安土城。这就是进军安土城之谜的答案。

解开信长疏忽大意之谜

"信长在本能寺中为何会毫无戒备？"这是本能寺之变中的必问之谜。可是迄今为止不见有说服力的答案。就算是信长疏忽大意了，那原因是什么呢？肯定有什么理由导致了"具有良好的理性思维和明晰的判断力"的信长疏忽大意。

首先，最基本的原因肯定是信长对光秀的信赖。而且信长认为光秀逻辑严谨，应该不会有勇无谋地发动不可能成功的谋反。可是，原因似乎不仅如此。

信长必须将家康一行人叫到本能寺中来，为此他决不能让家康抱有警戒心。假装出征中国地区也是为了这个目的；将六月二日的本能寺伪装成对家康来说绝对安全的地方，也是极其重要的。

所以信长仅在二三十个小姓的陪同下就进入了本能寺。

> 在小姓二三十人的陪同下前往京都。（中略）此次无人随行。

《信长公记》里写的内容对家康来说有重要意义，这宣告了能够袭击家康一行人的军队不在本能寺。

而且，这个信息还为"是家康谋反在先，欲取自己性命，所以才杀了他"提供了理由——是家康发动谋反想要杀掉自己，所以信长才还手干掉了家康。家康一行加上穴山梅雪有四五十人。四五十人想要袭击二三十人的说法，人们也是可以接受的。

也就是说，本能寺最大的谜团，看起来"信长在本能寺中毫无戒备"，但实际上并非毫无警戒，而是因为对信长的图谋来说，"本能寺中人很少"是必要条件。

对信长来说，为了让家康等人来不及反应就被光秀的军队成功杀掉也需要一定的策略。信长将大量自己引以为傲的茶具从安土城带到本能寺（《全译弗洛伊斯日本史》），本来打算让家康等人慢慢鉴赏茶具，自己则看准时机退席，让光秀的军队拿下他们。"在战术上极其老练"的信长应该还为此费尽心机做了许多其他的准备。

恐怕信长是只顾着专心准备自己策划的陷阱，而没有想到会被别人反过来利用了自己的陷阱。信长全神贯注于让自己和光秀反复琢磨出来的谋杀家康的计划成功一事上。我们能就此责怪"信长疏忽大意"吗？

以上，我解开了六月二日的四个谜团。如果光秀的士兵说的是真的，那么一切谜题都已迎刃而解。因此，光秀士兵所言是真的，且其盖然性极高。

但是，历史搜查并不止步于此，接下来的内容才能真正称作是历史搜查的结果。为了更加提高结论的盖然性，是否能用具有可信度的史料，顺理成章地解释信长和光秀，以及关系到本能寺之变的各种人物的行动呢？让我来试着复原历史的真相。

这是一项到目前为止谁都没有做过的宏大工作，我绝不会用"那里有忍者"这种借口来逃避真相，我将仔细一一分析史实之间是如何串联在一起的，以及存留下来的证言是通过怎样的信息流从源头流传到证言者的。

历史搜查的第一步就是提出证据和史实，然后才进行合理推论，得出具体情节。虽然有时会为了让大家更容易明白而先提出结论，但请千万不要误以为我是先有了结论才去拼凑证据的。

第8章
织田信长的企图

天正十年的作战

信长为何决定除掉家康，并且是在何时下此决心的？被评价为"具有良好的理性思维和明晰的判断力……在做出艰巨困难的谋划时极其大胆无畏"的信长必然有他独到的理由和计划。

天正十年（一五八二）这一年，日本的政治、军事情况面临着巨大的转变，信长实现统一天下的目标指日可待。越后的上杉在柴田胜家的进攻下即将灭亡，中国地区的毛利和秀吉之间也预计将会讲和，剩下的敌人只有武田和四国的长宗我部，于是信长发动了将其一并扫除的作战。

本能寺之变前四个月左右的天正十年（一五八二）二月九日，信长在发起进攻武田领地之际，向诸位将领发

本能寺之变

布了以下命令（摘于《信长公记》）：

> 　　信长准备亲自出马进攻武田，命筒井顺庆为随行
> 做准备，三好山城守（康长）出征四国，秀吉前往
> 中国地区，细川藤孝留守领地，由其子与一郎（忠
> 兴）出战，光秀也要做出战准备。此番路途遥远，
> 只令少数人随行。

　　就此，信长发动了对武田以及四国长宗我部的进攻。
不过，另一方面信长也在做征讨家康的准备。征讨长宗我
部的具体方案是通过四个月后的六月三日信孝军四国渡海
计划的发布才浮出水面的，而其实征讨家康的具体准备在
那之前就已经开始了。

　　所谓具体准备指的就是信长为了进攻武田而发动的甲
州①远征。正是在此次远征里，信长隐藏了打算除掉家康
的意图。

　　信长准备在灭掉武田胜赖后制服甲斐、信浓，于是从
安土城出发朝着木曾路②进发。此时已是胜局已定的三月
五日，为何信长会在这时特意带着军队浩浩荡荡地到战斗

---

① 甲斐国的别称。
② 即"木曾街道"，对东山道途径美浓、信浓两国部分的俗称。

已经结束的甲州？

在二月向诸位将领发布的命令中，信长指示光秀、筒井顺庆、细川忠兴等光秀军干部与他同行。顺庆和忠兴作为光秀手下的大名，都是在军事行动中能够听从信长指挥的武将。值得注意的是，信长故意发布了"此番路途遥远，只令少数人随行"的指示，作为其并没有作战意图的证明。

很明显，信长的出征有交战以外的目的。

信长在三月八日给柴田胜家的书信里写道："我等并不出战，接下去要参观关东。"也就是说，信长亲证这次出征的目的是结伴"参观关东"。

《惟任退治记》里将其记为"参观富士山"，文中还强调了信长参观富士山的喜悦之情，描写如下：

将军年来富士山御见物之望有之，此山天竺震旦扶桑三国无双之名山也，于是成吾山见之，达大望，快喜不斜，然在远州参州主德川三河守家康馆成滞留，御父子相伴纳御马给矣。

[将军（信长）多年来即有参观富士山之愿。此山在天竺、震旦、扶桑（印度、中国、日本）三国中，无山可出其右。在此将其收归做我山，见此即达成大愿，喜悦之情非比寻常。然御父子（信长、信

忠）相伴滞留于远州（远江）、参州（三河）之主德
川参河守（三河守）家康之馆，受其所赠之马。]

《信长公记》中也写着"信长公欲参观富士山山脚，
于是命令绕行骏河、远江后回京"，记录了信长说想参观
富士山山脚，以及实际去参观了熔岩洞穴等事。

但是，信长的真实目的绝不仅是参观富士山，他的目
的是"绕行骏河、远江后回京"。也就是说，所谓的"参
观关东"其实就是"参观家康领地"。

从当时信长所处的状况就能知道他参观关东的意图。
还在和毛利以及上杉作战的信长不可能带着光秀等重臣进
行公司旅行般的"参观关东"活动，更不用说他在政治、
军事上一直贯彻着理性主义，信长肯定有符合"在战术
上极为老练"这一评价的某种意图。

对于已经决定除掉家康然后进攻家康领地的信长来
说，充分掌握敌方地区的情况是必需的，也就是说信长需
要掌握家康领地军事方面的相关信息。特别是因为关于曾
是武田领地的骏河的信息掌握不足，所以城池的位置和构
造、军队移动所需的路线状况、河上架桥的状况以及军队
可以渡河的浅滩位置等都是必须要获得的信息。

信长命令光秀、忠兴、顺庆同行出征，目的在于和正
为进攻做准备的三位武将一起视察家康领地。也就是说，

进攻的军队编制已经定好，即以光秀为大将，筒井顺庆、细川忠兴为副将。信长命令他们同行的目的正在于此。

有一个人虽然和信长一起出征了武田，却被信长拒绝陪同返程，那就是公家近卫前久。《甲阳军鉴》① 里写着前久前来要求陪同返程，却被信长在马上严词拒绝了。虽然书中责备了信长的无礼，但从信长的立场来想，与公家同行无论如何总是种困扰。因为有可能被对方察觉到自己视察的真正目的，所以信长就不自觉地采用了很严厉的言辞吧。

出版于明治二十四年（一八九一）的田中义成所著的《甲阳军鉴考》认为《甲阳军鉴》是伪书，这种说法也成了定论。然而，从二十世纪九十年代起，又出现了重新评价它的研究。现在一般认为，与山本勘助② 相关的部分有较多虚构，其他部分是由侍奉过武田胜赖的高坂弹正③口述，其侄春日惣次郎记录，弹正死后的部分由春日等人续写。百年之后这本书才得到这样的重新评价，而高

① 记述战国时期甲斐武田家战略、战术的军事专著。一般认为作者是高坂昌信（一说是小幡景宪）。该书对山本勘助其人其事着墨颇重。
② 山本勘助（1493 或 1500—1561），日本战国时代武将，据《甲阳军鉴》记载，他曾是武田信玄的军师。
③ 高坂弹正（1527—1578），即高坂昌信，日本战国时代武将，甲斐武田氏的谱代家臣。

柳光寿的神话已经持续了五十年，要等待历史研究的谬误被改正，恐怕我们也得做好花同样时间的思想准备吧。

在家康领地的军事视察

信长必须在不被家康发现自己真实意图的情况下，为进攻家康领地进行军事视察，所以他想出了"参观富士山"这种说法作为伪装。信长对外宣称自己参观富士山，归途中刚好经过家康领地的骏河、远江①、三河地区。

秀吉则为这种伪装又添加了一层保护色，他基于某种意图，在《惟任退治记》里强调信长仅仅为参观富士山就高兴得忘乎所以。后面我将具体分析秀吉的意图。总之，秀吉这么绕一大圈是为了防止自己的图谋暴露，并希望隐藏信长和家康之间所有的争斗。

信长与秀吉二人所做的伪装效果非常好，因此直到历史搜查发现这些掩饰为止，谁都没有注意到信长参观关东的真实意图。

那么接下来我们来看看信长"参观家康领地"是怎么一回事吧。

太田牛一在《信长公记》里记下了信长参观的详细

---

① 日本古代令制国之一，约为今静冈县西部。

内容，其细节描述很详尽。从这一点来看，可以认为太田牛一当时也与信长同行。

信长四月十二日参观富士山，然后向骏河的大宫前进，十三日渡过富士川到江尻城，十四日渡过安倍川到田中城，十五日到悬川（挂川），十六日渡过天龙川到浜松，十七日到三河的吉田，十八日到三河的池鲤鲋（知立），十九日到尾张的清洲，二十日留宿岐阜，二十一日返回安土城。

这条路线正是家康领地东海道的主要路线。信长和光秀、顺庆、忠兴等光秀军的干部沿着这条路线视察，通过视察，他们应该充分了解了沿线主要城郭及河流的情况。《信长公记》里记载了很多城郭和河流，集录如下：

十二日大宫城

十三日富士川、天神川、深泽城、久能城、江尻城

十四日今川之古城、安倍川、持舟城、丸子川畔的山城、田中城、花泽城

十五日濑户川、大井川、真木之城、诹访原城、菊川、悬川城

十六日高天神城、小山城、天龙川、浜松城

本能寺之变

十七日浜名湖、吉田城

十八日吉田川、大比良川、冈崎城、腰陆奥田

川、矢作川

远征甲州的归国路径

另一方面，为了迎接信长一行，家康在各地进行了道路和桥梁的整修。这对于信长攻占家康领地的计划来说正是再好不过了，因为交通道路的通畅对于军队的移动来说是必不可少的，恐怕这也在信长的计划之中。

想必他们当日就把军事视察的结果整理记录下来了。在《当代记》中有大概能印证这种推测的奇怪补记，这个补记被看作是和"光秀享年六十七岁"一起添加进来的，内容是"因为光秀年纪大了，所以不管到哪里，信长都命令让他留宿在自己的居所附近"。

德川方写的《当代记》中故意加进这段描写固然有某种意图，但我们知道信长确实可能每天晚上都和光秀一起进行视察结果的整理工作。

事情正如信长希望的一样不断进展，谋杀家康的时机也越发成熟。

天正十年（一五八二）四月二十一日，凯旋安土城的信长迅速做了下一步准备，那就是邀请家康和从武田处叛降的穴山梅雪到安土城做客。《信长公记》里写了二人前去均是为了致谢，家康是为受封骏河，而梅雪则是为本领安堵之事。因为家康是从信长处受封骏河的，故而此时二人都名副其实是信长的家臣。

家康一行人在五月十四日到达安土城附近的近江番场，次日开始在安土城接受作为礼宾的光秀的款待。《信长公记》提及因光秀筹措了京都、堺市的珍品，故而宴会"极度华美"。信长在五月十七日解除光秀礼宾的职务，让他和细川忠兴以及摄津的高山右近、中川秀政等人休假，于是这些将领就回领国开始做出征的准备。

五月二十日，信长招待家康一行人，他亲自安排家康等人的食物，看起来招待得非常用心。之后的二十一日，信长把家康一行送往堺市参观。因为《信长公记》里有"按照上意"的词句，所以参观堺市的要求应该是作为命令发出的。信长还命令信忠和长谷川竹作为导游与家康一行同行。

事情全如信长所想一般进展迅速，五月二十九日信长上京，六月二日就到了招待家康一行人来本能寺的日子。如果这样发展下去的话，本能寺之变本会作为"信长谋杀家康"的事件留在历史上。

为什么要"谋杀家康"？

为什么信长想除掉家康呢？接下来我将分析其根本原因。

作为前提要首先理解一件事，那就是对于当时的武将来说，同盟者有怎样的意义。现代人很容易认为同盟是基于信义的不可动摇的事物，但在当时绝非如此。当时只要有利于维持生存，武将可以任意改变同盟的组合方式，信长和家康的同盟持续了很长时间实属特例。

信长与家康结下同盟是在桶狭间讨伐今川义元①的次年永禄四年（一五六一）。当时信长刚刚统一尾张，周围强敌环绕。信长的东方有甲斐信浓的武田氏，失去义元但仍旧保有实力的骏河今川氏，以及武藏②、相模③的北条氏。信长和家康结盟就是为了对抗这些来自东方的威胁。

对于信长来说这一同盟价值很高。虽然家康在三方原惨败给武田信玄，但他在阻止武田上洛中仍然起到了重要作用。信长在天正三年（一五七五）五月的长篠合战中给武田胜赖以致命的打击，然后于天正十年（一五八二）三月将武田胜赖消灭于天目山。结果，横跨甲斐、信浓、上野的广大土地成了织田家的领地，河尻秀隆、森长可、泷川一益等进驻其中。

随着最大的威胁武田家的覆灭，对于信长来说家康作为同盟者的价值已经消失了，虽说结盟价值消失，但这并不意味着信长要马上消灭家康，除非他明确意识到家康的危险性。

虽然信长和家康是同盟，但织田家和德川家在其祖父

---

① 今川义元（1519—1560），日本战国时代大名，曾是东海道最有实力的大名，进攻尾张国时在桶狭间之战中被织田信长以少胜多击败。义元战死，今川氏也随之衰落。
② 日本古代令制国之一，约为今东京都、埼玉县以及神奈川县的一部分。
③ 日本古代令制国之一，约为今神奈川县。

本能寺之变

一代起就一直是敌对关系。家康的祖父松平清康统一三河后，就与信长的父亲信秀为敌，进攻尾张的守山城。其间清康被自己的家臣斩杀，清康军为此吃了"守山崩"[①] 的大败仗。这时清康二十五岁。织田信秀借此机会入侵三河，因此也有人说斩杀清康是信秀的计谋。

家康的父亲广忠在今川的领导下致力于和信秀作战，二十多岁就死了。有人说广忠是病死的，也有人说他也是被织田信秀谋杀的。了解了这些原委，我们就知道信长和家康的同盟说不上是可以完全相互信赖的关系。

另外，二人结盟后依然出现了不安定的因素。天正三年（一五七五）十二月，家康的伯父水野信元被怀疑勾结武田胜赖，信长因此命家康将之杀害。天正七年（一五七九）九月，家康嫡子信康因同样理由自杀。虽然两个事件在原因以及与信长的关系上有各种说法，但也有人说其实在二人的处分上，与信长相比家康更为主动。如果二人是受信长之命被杀，那信长肯定会意识到家康对自己的怨恨。反过来，如果受家康之命，那意味着家康身边有勾结武田胜赖的内奸，这肯定也会招致信长的不信任感。

---

① 亦称"森山崩"，指 1535 年三河冈崎城主松平清康被家臣阿部正丰暗杀的事件。

天正九年（一五八一）九月，织田信雄率领的织田军进攻伊贺，歼灭了伊贺总国一揆①（《信长公记》）。这时，家康把从伊贺逃到三河的人们藏匿在领内（《三河物语》）。天正十年武田灭亡之时，家康曾把甲斐、信浓的逃亡者藏匿起来，并在本能寺之变以后把他们送回甲斐、信浓，让他们加入武田旧臣一方继续活动。家康应该是以同样的手法利用了伊贺的逃亡者，他的这些举动可能成为信长提高警戒心的一个因素。

恐怕信长此时已经看清了下一步的走向，虽然眼前可能还没有非杀家康不可的危险，但他可能感觉到统一天下之后、准备入唐之时，存在家康发动谋反的危险。如弗洛伊斯所写，在人们得知秀吉入唐的消息后人心不稳，有谣传称某个有力武将会发动谋反。这种状况应该也发生在了信长身上，而在战术上极其老练、有明晰判断力的信长肯定可以预料到这一切。

信长可能还猜到了更加长远的未来的形势。他可能也意识到决不能重蹈平清盛和源赖朝等人的覆辙，所以要把自己死后可能会威胁到子孙的危险人物全部亲自杀掉，这无疑是信长身为战国武将的责任。信长判断，这个非剪除

---

① 战国时代伊贺国的大小领主为保卫领主权力而集结的一国规模的一揆。

不可的人物就是家康。

虽然我无法代替信长为他的判断理由做全部说明，但历史证明了他的判断是多么精准，且正中要害。

丰臣秀吉在自己这一代极尽荣华，却在其子一代灭族，这正重蹈了清盛、赖朝的覆辙。秀吉犯了怎样的错误呢？虽然有各种导致失败的因素，但决定性因素只有一个，那就是没有消除导致一族灭亡的直接原因。这个直接原因正是杀害了自己儿孙的德川家康。没有事先除掉他就是秀吉犯下的决定性错误。

这样一来，我们就可以理解信长的预见性了。"具有良好的理性思维和明晰的判断力……在做出艰巨困难的谋划时极其大胆无畏"的信长发挥了自己的真正本领。信长为了担起"守护子孙的责任"，决定除掉家康。

现代人无法理解信长的想法，大概是因为战国时代那种"守护子孙的责任"的意识在现代已经变得十分淡薄了。

信长的临终遗言

其实信长自身也曾发现自己的计划反而被他人所利用，他在本能寺不由得吐露了真相。

《信长公记》里记载，信长在本能寺听到光秀谋反后说"是非に及ばず"。牛一向信长身边的女眷们取材，写下以下内容：

> 是れは謀叛か、如何なる者の企てぞと、御諚のところに、森乱（森乱丸）申す様に、明智が者と見え申し候と、言上候へば、是非に及ばずと、上意候。
>
> [此谋反乎？何人所为？（信长）方询问时，森乱（森乱丸）上报，似是明智之人。上曰，无复查矣。]

字典里“是非に及ばず”被解释为“没办法、无可奈何”。乍看起来好像可当作信长表示放弃的自言自语来理解，但在这里并非如此。“上意”（上曰）也就是信长下达命令的意思。之后信长马上进入了战斗状态。从字面上来理解“是非に及ばず”的话，就是“没有必要确认对错”的意思。信长首先问“此谋反乎？何人所为？”，然后听到森乱丸禀报称“似是明智之人”后，他就确信这是“光秀的谋反”，所以指示“无复查矣”（是非に及ばず）。

信长听到这是“光秀的谋反”时，心中便有了答案。

有人听到了信长表达此意的话，这个人把信长的话告诉了耶稣会的传教士们，又被他人记录了下来。记录者就是西班牙商人阿维拉·希龙（Avila Girón）。

阿维拉·希龙在《日本王国记》中记录了信长临死前的情况，内容为"据说信长知道自己被光秀包围以后——这也只是传言——他做了个噤声的手势，说'是我自取灭亡'"。［佐久间正、会田由译，阿维拉·希龙《日本王国记》］

如果听完"似是明智之人"以后，信长说了"（竟被光秀反过来利用了谋杀家康的计划！）是我自取灭亡，这无可奈何"，这不正是信长意识到自己中了自己设的陷阱时会说的话吗？没有比这更符合逻辑的了。

当时是就寝时的突发状况，现场突然陷入混乱，没有人完整听到信长所说的话是很正常的。生活中也常有通过比照几个人的证言来把握整体状况的时候。

我们已经知道将信长的话转达给太田牛一的人是谁了，可是听到信长另一句遗言的证人又是谁呢？迄今为止大家都认为"不可能有这样的证人，这是希龙的虚构"而忽略了这句话。如果我们不能追查到这个人，那么历史搜查就进行不下去。我无法容忍用"那里有忍者"这种方便而具偶然性的借口来逃避问题。

那么让我们试想一下，有谁能够告诉希龙这句话呢？

因为希龙提及"这也只是传言"，所以我们知道并不是某个特定的人直接告诉希龙的。希龙在本能寺之变十二年后的文禄三年（一五九四）到达平户，之后的四年间一直住在长崎。那时已经没有本能寺之变的直接证人了。本能寺之变时所发生的事，应该是希龙从和他有交往的人那里听来的，也就是说这件事在耶稣会相关人士之间作为传闻流传了下来。那么，十多年以前，是谁把信长临死前说的话转告给耶稣会相关人士的呢？

让我们来追踪一下本能寺之变时耶稣会相关人士的动向。

本能寺之变发生之时，卡里昂、洛伦索、巴尔托洛梅乌在京都的南蛮寺，也就是耶稣会的教堂。根据弗洛伊斯的《日本史》的记载，当时奥尔冈蒂诺、弗朗西斯科、达阿尔梅达、佩雷拉、帕斯、维森特在安土城，他们在接到某个奇怪的通知后逃离了安土城，并冒着生命危险逃到了南蛮寺。也就是说，耶稣会相关人士在信长死后都集中到了最安全的地方——京都南蛮寺。

还有一个人历经九死一生终于逃离危险到达了南蛮寺，他就是被巡察师范礼安带到日本的非洲黑奴，这个人就是转达信长遗言的唯一证人。

从本能寺逃出的黑人小姓

天正九年（一五八一）二月，范礼安为拜见信长，与路易斯·弗洛伊斯、洛伦索等人同行搭船前往堺市。这一行人中有一个来自非洲的年轻的黑人奴隶。之后，他们从堺市走陆路前往京都，被很多群众围观。大家好像都把注意力集中在了这个黑人奴隶的身上。

弗洛伊斯把当天的情况写进了天正九年四月的书信中："有很多人围观黑奴，引起很大的骚乱，状况严重，有人被石头砸中负伤，感觉甚至会出现有人死亡的情况。他们有人说如果把黑人拿去展览，肯定能在短期内赚很多钱。"（摘自村上直次郎译《耶稣会日本年报·上》）可见当时的人们是没有见过黑人的。

日本人修士洛伦索在十月写的书信中记录了信长在安土城首次见到"黑奴"的情形。

信长见了也大吃一惊，他不肯轻信这黑人是天生而非涂染而成，于是看了好多次。因为黑奴会一点日语，所以信长不厌其烦地与他聊天。加之这黑人不仅力气大，还会点杂耍，信长十分欢喜，决定将其收为家臣，并让人带着黑人参观市区。甚至有人传言信长要封他为领主。

从人们几乎传言这黑人将被信长封为领主来看，信长应当是十分中意他的。太田牛一在《信长公记》中记载：

二月二十三日，从天主教国家来的黑人男子参见主上。他看上去二十六七岁，浑身漆黑如牛，健壮有才干，而且力气很大，可以以一敌十。

仅凭字面想象，他大概有着像现代的格斗冠军一样的体格、体力和身姿吧。

因为信长非常中意这个黑人，所以让他做了自己的随从。在耶稣会里也没有受到平等对待的黑人奴隶，得到了信长以能力主义为标准的评价，信长也由此得到了最强的保镖。如果信长没有死在本能寺的话，四百年前的日本可能会诞生一位黑人大名，他的族人也将因身为混血所具有的优秀体能而活跃于战场上，而且他是一位能引发人们想象的、很有魅力的人物。

《家忠日记》里也有关于这个黑人的记录。书中天正十年（一五八二）四月十九日家忠招待刚从武田战场上返回的信长品茶时，这个人曾登场。信长"参观关东"时他也曾一道同行。

黑人男子在旁伺候。他身黑如墨，身高六尺二分，名为弥介。

信长赐其名为"弥介"，把他作为小姓放在身边。虽

本能寺之变

然不知道当时三河的一尺相当于多少厘米，但按明治时代的规定，六尺二分相当于一百八十八厘米。恐怕对于当时的日本人来说，这个黑人就像高耸入云的巨人吧。这个"六尺二分"的记录精确得如同电子数值，体现了家忠工学式的态度，他曾在筑城等许多土木工程中发挥才干。

这位小姓弥介，在本能寺之变时受命于信长，曾大显身手。

弗洛伊斯在《一五八二年日本年报追加》中的记录如下：

> 巡察师送给信长的黑奴，在信长死后赶赴世子（信忠）府邸，进行了相当长时间的战斗。明智的家臣靠近他，叫他别害怕，把刀放下，因此他把刀递了出去。家臣们问明智应该如何处置黑奴，明智认为黑奴等同于动物，不明世事，而且不是日本人，吩咐不必杀他，把他交到印度神父的教堂即可。听到此事我等也安心了一点。（村上直次郎译《耶稣会日本年报·上》）

弥介从本能寺逃离后立刻奔赴信忠据守的二条御所，在那里奋力作战，最后把刀交给了光秀家臣并投降。光秀没有杀弥介，而是命令家臣把他交到印度神父的教堂

（南蛮寺）。耶稣会亚洲地区的据点就在印度的果阿，因为光秀知道传教士们都从那里过来，所以称耶稣会教堂为印度神父的教堂。

因为当时弗洛伊斯不在京都，所以写下上文的一定是当时在京都南蛮寺的传教士卡里昂。

南蛮寺是三层建筑，建于天正四年（一五七六），地点在本能寺附近。《一五八二年日本年报追加》中记录，卡里昂他们在本能寺之变的当天，在南蛮寺观察到了整个事件的情况。

光秀命令家臣把弥介交给南蛮寺的消息，应该是光秀阵营附近的某个信徒听到后转达给卡里昂的吧。"听到此事我等也安心了一点"的记述证明了这一点。

就这样，弥介到了南蛮寺。卡里昂在那里肯定向弥介询问了许多现场的情况。

卡里昂把从弥介口中听来的内容以及自己从南蛮寺观察到的本能寺之变的情况写入信中寄给了在九州的弗洛伊斯。弗洛伊斯把卡里昂寄来的原稿编辑后写进了《一五八二年日本年报追加》，也就是上述的那段记录。

弥介讲述的信长临终情形

理性的信长应该会把最强的保镖放在自己身边。本能

本能寺之变

寺之变时，弥介作为小姓必然待在信长的身边，所以他听到了信长的临终遗言，并将其一五一十地告知南蛮寺中耶稣会的相关人士。

这些内容历经十多年作为传闻传到了希龙耳中，希龙把它们写进了《日本王国记》："这也只是传言——他（信长）做了个噤声的手势，说'是我自取灭亡'。"

能够在本能寺目睹信长之死，还能向耶稣会传教士们转达此事的人，除了弥介不做他想。可是，让人怀疑的是弥介的日语能力。弥介对于信长的临终遗言究竟听懂、理解了多少呢？历史搜查必须要证实这一部分。

弥介开始侍奉信长是在天正九年（一五八一）二月，洛伦索说他当时"会一点日语"，而本能寺之变距那时有一年零四个月。我看到最近参加大相扑比赛的外国人力士①在短时期内就能很熟练地用日语交流，所以我想弥介当时应该也已经有充分理解日语的能力了。话虽如此，他的日语水平真的达到在本能寺的混乱状态下能够听懂信长所说的"是我自取灭亡"的程度吗？这的确是个问题。

为了确认这点，我将分析一下《一五八二年日本年报追加》里的文章。

虽然光秀和家臣之间进行的"交到印度神父的教堂"

---

① 指职业相扑运动员。

的交谈只是卡里昂从某位第三者处听来的传言，但前面战斗中光秀家臣对弥介说"别害怕，把刀放下"，则是具体的对话，这肯定是弥介自己听到的内容。

也就是说，弥介在混乱的战斗中还是准确听懂了光秀家臣说"别害怕，把刀放下"的日语，故而可以认为弥介具备充分理解日语的能力。

当时弥介在信长身边充当夜班护卫，而袭击恰好在那时发生，所以弥介听到了信长最后的话，然后离开了本能寺。应该是信长命令弥介到住在妙觉寺的信忠处传令吧，如果弥介的目的仅是逃出本能寺的话，那他当时肯定会直接跑到南蛮寺去，因为他在日本没有其他可以投靠的地方。

而弥介跑向了妙觉寺。虽然不知道信长托付了什么给弥介，但应该是"光秀还不知道你在京都，赶快逃走"之类的内容，想告诉信忠无论如何尽快从京都逃脱而活下去吧。这应该是作为一族之长的信长在这种状况下想传达给嫡子的遗言。

信长选择了弥介担任此重任。理性的信长应该想到了弥介被太田牛一评价为"以一敌十"的战斗力以及他被称作"浑身漆黑如牛"的奇异外形会对逃脱更加有利。信长在如此迫切的情况下，依然瞬间做出了准确的判断。

从本能寺全身而退的弥介跑向了妙觉寺，然后又前往信忠据守的二条御所。弥介之所以能完成使命，是因为光秀不知道信忠在京都，于是延迟了讨伐信忠的准备。因此，从本能寺逃脱的弥介意外顺利地和信忠军会合了。

虽然不知道弥介有没有成功向信忠转达信长的意思，但从结果看来，信长的设想落空了。

安土城密室内的证人

从弥介常侍奉信长左右一事，我又联想到别的事情。

那就是安土城密室内的信长和光秀的争执，此事被认为没有证人在场。让我们再看一次弗洛伊斯写的《日本史》。

> 信长在某间密室里和明智商谈有关这些活动的准备。（中略）根据大家的传言，光秀在某件不合他（信长）喜好的事情上顶了嘴。因为信长本来就很容易勃然大怒，更不能忍受对自己命令的反对意见，所以他站起来，愤怒地踢了明智一两脚。可是这是秘密，只发生在二人之间，所以后来民间没有传闻。

正如文中说的"后来"，这些内容都写于本能寺之变的很久之后。本能寺之变时弗洛伊斯在九州，他于四年后的天正十四年（一五八六）随同副管区长科埃略前往畿内。这段话应该是他听京都南蛮寺耶稣会相关人士讲述"人们的传言"后所写的记录。

能够进入只有信长和光秀二人的密室的人，只可能是信长的小姓。小姓通常作为信长的警卫侍奉左右，而且是不会被算入在场人记录的。在小姓之中，能将事情秘密转告给耶稣会的只有一人，那就是弥介。

为什么这么说呢？因为信长的其他小姓全部在本能寺战死，弥介是唯一逃出本能寺且活下来的。

至此日本国内没有的两个信息——"安土城中二人的争执"和"信长的临终遗言"为什么只见于耶稣会的相关记录里的谜团也解开了。一直以来，这两个信息被认为连证人是否存在都是很可疑的，但将其与在战国时代与信长会面的非洲黑人这一奇谈结合起来以后，一个真相就浮出了水面。

遗憾的是，现在仍无法查明这两个重要事件的证人弥介在此之后的消息。

弗洛伊斯在天正十四年前往京都，在其《日本史》的记述里也不见弥介的踪迹。如果当时弥介还在京都的南蛮寺里的话，弗洛伊斯就可以直接听弥介讲述安土城内信长和光秀的争执，这一内容也不会成为"人们的传言"这种间接形式的记述。

本能寺之变

本能寺之变之后的四年中，弥介消失在了某个地方，他是否得以跟随耶稣会人士逃到了国外呢？

有一件事让我担心他可能是发生了意外。

那就是后来弗洛伊斯把自己写在《日本史》中有关弥介的事情，即从天正九年（一五八一）四月的书简以及《一五八二年日本年报追加》的记录里全部删掉了。

在整理《日本史》时发现，其中凡是有关本能寺之变的内容，弗洛伊斯均采纳了《一五八二年日本年报追加》里的记录，或者说他是在这一记录的内容上润色写成的，但是，唯独有关弥介的记录被他全部删除了。

这意味着什么呢？从弗洛伊斯总把事物归因于神意的态度来看，弥介的身上可能发生了某些神意不能解释的事情。

本能寺之变后，京都的军事权、警察权都由秀吉一手掌管。秀吉也肯定派人仔细调查过耶稣会和南蛮寺的情况，他必然得知了唯一存活的信长小姓弥介就在南蛮寺。

秀吉最害怕的应该就是从弥介的口中泄露出和《惟任退治记》的描述不一样的真相，于是他可能向耶稣会提出了引渡弥介的要求。我们能想象，弗洛伊斯明白在那之后等待弥介的命运，也无法在《日本史》中留下任何有关弥介的记录。反过来说，这也证明弥介所知道的信息对秀吉来说是非常重要的。

第 9 章
明智光秀的企图

谋反的决定和探索

天正八年（一五八〇），光秀在信长政权内的立场发生了很大变化。在此之前他只是以丹波、丹后为中心的方面军司令，因为平定丹波、丹后以及佐久间信盛等重臣被流放，光秀一跃而成为信长的心腹。

这种变化到了天正九年（一五八一）变得更加明显。这一年，光秀没有上战场，而是担任了京都阅兵仪式负责人等行政职务。这与他一直以来驰骋战场的日子完全不同。

光秀肯定细细体味了这好不容易到来的安宁。他从坂本城的天主阁①眺望着琵琶湖的景色，一边感受吹过湖面

---

① 即天守阁。天守阁是战国时代之后象征城堡的建筑物，在军事上有关楼和瞭望塔的作用，也是城主的居住之地。通常将天守阁称作"天主阁"的城堡只有安土城，而坂本城的"天主"一说似是出于《兼见卿记》的讹写。

的和风，一边感受家人团聚的幸福。历经多年艰辛，他终于尝到了人生的幸福滋味，此时光秀肯定在心里感谢："这都是托了提拔自己的信长公的福。"

然而，也是在天正九年，光秀开始对未来感到不安，原因就是光秀得知了信长对范礼安所讲的入唐计划。虽然光秀曾预想到自己早晚都会被改封到远国，但他没有想到在那之前自己还会被派往中国大陆。他本想着只要支持信长统一天下，和平的时代总会到来，而此时这种期望肯定变成了失望吧。

光秀大概是在天正十年（一五八二）一月察觉到信长的入唐计划并非儿戏的，信长把博多商人岛井宗室叫到了京都。在堺市的代官①松井友闲、商人盐屋宗悦和天王寺屋宗及等人在一月十九日给宗室的信中附了信长将在二十八日到京都召开茶会、展示茶具的邀请函（《岛井文书》）。虽然信长当时在政治上仍通过召开茶会这一战术与堺市商人交涉，但为了准备渡海到中国，他也终于开始和博多商人进行协商。顺带一提，在之后秀吉的入唐计划中受到重用的正是博多商人，其中的代表人物就是岛井宗室。

光秀当然察觉到了信长的想法。光秀在信长召开茶会

---

① 代替领主实行对领地的行政权和支配权的官职。

三天前的二十五日，也曾招待岛井宗室和天王寺屋宗及品茶（《宗及茶汤日记他会记》）。光秀应该是打算事先了解内情，或者是想在他们见信长之前给他们出些主意。

另外，长宗我部陷入了和信长的敌对状态，很明显信长将要发动对长宗我部的讨伐。光秀认为长宗我部应该修复和信长的关系，因此在天正十年（一五八二）一月派家臣石谷赖辰去说服长宗我部元亲。但是，元亲并未被说服，而是拒绝了信长的要求。

估计光秀向元亲转达的内容可能是"如果拒绝信长的要求，长宗我部就会灭亡"，而元亲大概不仅向使者石谷赖辰表达了拒绝信长要求的意思，还请求光秀发动谋反。每个人都知道长宗我部已经没有其他出路了，元亲的回答肯定让光秀的脑中头一次浮现出"谋反"二字。

就在此时事态发生了急剧的变化。到了天正十年二月九日，光秀的担忧即出现变成现实的趋势。《信长公记》里记述，信长在命令进攻武田的同时，还下达了"三好山城守出征四国"的命令，命令三好康长作为讨伐长宗我部的先遣部队出征。

而且，信长命筒井顺庆在攻打武田时与自己同行，还命细川忠兴出征，命光秀去做出征的准备，并且在最后做出"仅带少数人前来"的指示。估计光秀马上就领会了这个指示的内涵。

本能寺之变

信长剑指统一天下的第二次结构改革终于真正开始了。光秀预料到本将会在更远的未来实现的天下一统将会一举实现，并将发展成为入唐战争，因此才下决心谋反。但问题是如何使谋反成功，如果想不出可行的方法，就无法最终做出谋反的决定。因此，他开始摸索谋反的方策。

在《甲阳军鉴》中有可以证明这一点的记录。书中讲光秀曾经向武田胜赖发出请求，说过"将在二月起事，希望得到你的协助"，但被武田胜赖当成是敌人的计策而拒绝了。接受了信长二月九日的命令以后决意谋反的光秀曾试图寻求与武田胜赖合作。如果胜赖没有拒绝光秀的请求，而是选择合作的话，那历史会发生怎样的变化呢？然而胜赖未及做此尝试就灭亡了。

光秀跟随信长于三月五日从安土城出发，前往攻打武田。虽说如此，但他们并不是去作战的。此时武田胜赖已战死在天目山，武田一战胜负已定，他们是去参与战后处理的。

信长在三月十九日到达诹访布阵，正式开始进行战后处理。对于武田遗留下的领地，信长首先在三月二十三日把上野和信州①二郡赏赐给了在武田征伐中建功的泷川一益，由此一益移封上野。见到信长如此安排，光秀肯定觉

---

① 信浓国的别称。

得第二次结构改革已经按照信长的计划向前迈进了一大步。

　　三月二十八日，信长下令参观富士山途中经过骏河、远江后再回到安土，他们四月二日就从诹访出发了。光秀和忠兴、顺庆一起跟随信长前往"参观家康领地"。

　　"参观家康领地"是军事视察，其深意无须信长的说明光秀应该也能理解。他也预想到在家康灭亡以后，自己将会被移封至家康的领地吧。在征战中立功的人照例会得到土地册封，通过信长给泷川一益的待遇大致也可以预测到这点。

　　曾经想要与之协作的武田胜赖的灭亡让光秀谋反成功的可行性越来越小。另外，织田信忠在甲斐、信浓、上野构建了广大的领国，在甲斐有河尻秀隆、穴山梅雪，在信浓有木曾义昌、森长可，在上野有泷川一益。由此，这一带的织田军体制已经形成。

　　也许光秀估算了自己的军队再加上细川藤孝、筒井顺庆的军队应该可以对抗在近江、美浓、尾张、伊势、伊贺等畿内领国的织田军。既在自己麾下，又与自己有姻亲关系的大名细川藤孝和筒井顺庆作为己方阵营的核心，是不可或缺的存在。尤其对于从自己担任中间以来一直和自己同甘共苦的藤孝，光秀更是完全信任，光秀应该是将他作为第一盟友来看待的。

本能寺之变

但是，即便成功制服了畿内的织田军，对于以近江、丹波、大和为据点的光秀军来说，甲斐、信浓、上野等织田领国还是太远了。

于是作为再自然不过的想法，光秀肯定冒出了"与德川家康联手"的念头。家康的三河、远江、骏河正处于绝佳的位置，家康肯定也察觉到了信长参观关东的真正意图。光秀认为只要自己先向家康提出解救之法，他肯定会参与进来，双方的合作也可以即刻开始。参观家康领地正好给了光秀千载难逢的机会，让他得以和家康接触。

恐怕证实二人并未直接接触的证据就只有《当代记》中的奇怪补记："因为光秀年纪大了，所以不管到哪里，信长都命令让他留宿在自己的居所附近。"如此一来，处于织田家臣的严密监视下的光秀不要说和家康本人接触了，就连和家康家臣接触的可能性也没有。《当代记》中补记的意图可能正是在于想否定光秀曾与家康暗中勾结吧。

即使是现代企业，在决定和其他公司合作的重要策略时，也是两个公司的实务层级根据最高层的指示进行协调，做好预备事务后再向最高层汇报，然后由最高层做出决断。在参观家康领地时，双方的重臣之间应该就预备事务进行了协调吧。

这样除了畿内织田军，连制服驻扎于旧武田领内的织田军一事也有了头绪。但是，该怎样讨伐信长和信忠呢？光秀此时肯定还没想到什么好办法。要征讨护卫森严的信长和信忠无疑比登天还难。

如果谋反失败的话会怎么样呢？光秀肯定能想起荒木村重一族在天正六年（一五七八）谋反后的悲惨结局。女人、小孩乃至婴儿，荒木一族俱被处死。光秀的女儿此前嫁给了村重嫡子，当时因村重谋反暴露，她离婚回到了光秀处，后再嫁给了三宅弥平次，也就是明智秀满。对于经历如此种种的光秀来说，发生在村重一族身上的悲剧应该如同发生在自己身上一般难忘。

光秀的决断："如今正是好时机"

五月七日，信长给信孝下发盖有朱印的处置四国的官文，命其征讨长宗我部。此官文中写着，将赞岐赐予信孝，阿波赐予三好康长，土佐和伊予则待信长到达淡路岛后再做决定。

命运的巨大齿轮终于开始转动，并且一旦转动便无法停止。谋反必须在长宗我部讨伐军渡海前往四国前发动，光秀肯定正焦虑"已经快没有时间了"吧。《元亲记》中也记载着长宗我部曾通过斋藤利三要求光秀尽快发动谋反一事。

本能寺之变

正在此时，光秀被信长叫去商量招待家康宴会一事，他被招进安土城的一间房间里。那是一间密室，里面只有信长和侍奉的小姓。一旁侍奉的小姓就是总在信长身边、颇得信长喜爱的非洲人弥介。在密室里，信长向光秀说明了谋杀家康以及之后侵略家康领地的具体计划。因为家康一行人将在五月十五日到访安土城，所以这次密谈大约是五月十日的事情。

光秀就是在此处从信长的口里得知了将会把家康叫到本能寺里谋杀一事。信长命令光秀为此假装准备出征中国地区，解除了他招待家康的礼宾职务并让他休假。信长一定是安排了光秀在讨伐家康以后，率领细川忠兴和筒井顺庆进攻家康领地。

本以为完全没可能杀掉信长、信忠，而信长透露的谋杀家康的计划将这种不可能变成了可能。只要光秀提早到达本能寺，肯定能除掉信长，至于讨伐信忠交由家康即可。光秀确信只要偷换了信长的计划，定能将二人一网打尽。光秀也应该是在此时得知信忠与长谷川竹作为监视者与家康同行的吧。

但是，光秀最后还有一件事情要确认，那就是是否还能拯救长宗我部。如果能够拯救长宗我部，或许可以阻止自己一族被削弱，这样就不必冒着一族灭亡的风险发动谋反了。五月七日，信长给信孝的盖有朱印的官文里说长宗我部的根据地土佐和伊予要等信长到达淡路岛后再行处置，这正是光秀最关心的事情。

光秀问信长："您打算如何处理土佐和伊予呢？"此后得知信长消灭长宗我部决心的光秀拼命想要信长改变这个想法，这也是他为了让自己放弃谋反的迫切恳求。但是，信长拒绝了光秀的请求并踢了光秀一两脚，弗洛伊斯所写的"不合他（信长）喜好的事情"肯定就是指这件事。

自此光秀决定实施谋反，他认为只要偷换了信长谋杀家康的计划，肯定可以杀掉信长。至于讨伐信忠以及之后的政权维持，因为有家康的支持也会顺利进行。"我只能谋反了，而且也只有这个机会了"，这就是所谓"如今正是好时机"。

这样想的光秀首先说服了盟友细川藤孝，让他加入己方阵营，然后在五月十四日到五月十七日间，在安土城与家康秘密会谈，结成了谋反同盟。

吉田兼见的伪证

那么，有什么史料能证明家康与光秀之间确实进行过结成谋反同盟的密谈呢？按理说不会有记载此次绝密谈话的史料留存下来。虽然是这个道理，但如果就此放弃历史搜查，就无法提高此事的盖然性。那么，让我来仔细地分析一下残存在史料里的证据吧。

吉田兼见是公家，他曾是京都吉田神社的神官。在他每日撰写的日记《兼见卿记》中，不知为何天正十年（一五八二）的日记存在两册。

在光秀于山崎合战战死后，兼见就把从当年一月起的所有日记内容改写了。因此，存在写于合战前的到六月十二日为止的"别本"，以及在合战后被改写的集齐一月至十二月的"正本"。

兼见为了做出伪证，改写的当然是觉得对自己不利的部分。必须改写的重点部分只有几处，所以那几处肯定被小心翼翼地改写了。至于其他的部分则完全没有按照之前的版本一板一眼抄写的必要，并不需要一边参照别本一边回想当时情形书写，只需凭回忆重写一遍即可。兼见大抵是这样做的，所以正本和别本中存在各种没有太大意义的记述上的差别。

那么，兼见到底想隐藏什么呢？那只能是他和朝廷与光秀的亲密关系。除此之外应该没有什么事情是不能被别人知道的。有关本能寺之变之后的行动，我摘录了书中被明显改写的部分：

六月二日

·删除了诚仁亲王（正亲町天皇的皇子）从织田信忠据守的二条御所逃出避难之时，兼见的友人连歌师里村绍巴带来亲王乘坐之轿这一记述

·删除了光秀前往安土城时，兼见曾在途中出迎的记述

六月六日

·删除了兼见作为敕使前往会见在安土城的光秀时，诚仁亲王命其向光秀传达"维持京都治安"的记述

六月七日

·删除了兼见在安土城与光秀曾"闲聊对此次谋反的想法"这一记述

六月九日

·删除了光秀寄给兼见的谢函为光秀亲笔所写的记述

·补记了从光秀处得到的五十枚银钱是为吉田神社修理所用

·删除了兼见将亲王发放给光秀的奉书①送达在下鸟羽的光秀这一记述

---

① 日本平安时代中期以后出现的一种公文形式，用于传达上命。

看完这些对比，结果一目了然，这是为了让兼见自己、友人或是朝廷不被怀疑与光秀的谋反有关联的改写。

只有一个地方的改写让人觉得非常不可思议。

那就是兼见日记中五月十四日的记述，其中有关在安土城的家康这一部分。

最初他在别本中写道："家康为了向信长致谢而来到安土城，光秀被命休假。"可是正本里这一部分被改写为"家康在安土城逗留期间，光秀虽然被命令休假，但仍因准备家康的接待工作而十分辛苦"。

其他被改写的地方，基本都只是删除某部分内容，而此处却做了添加。兼见有必要特意加上光秀"仍因准备家康的接待工作而十分辛苦"这一句吗？他在此想隐藏什么呢？

光秀上奏的"与家康的协商"

可以认为兼见试图在日记中隐藏的是光秀和家康在安土城进行的协商。兼见想说的是"光秀因为忙着准备接待家康，所以完全没有时间和家康进行协商"。

家康在五月十四日来到安土城附近，光秀回到坂本时是五月十七日，他们二人估计是在这四日中的某日直接见面进行了协商。虽说双方重臣已经做好了准备工作，但双方首脑还需直接会面进行最后的盟约缔结工作。

正是在此次协商即将进行之前，信长和光秀在本能寺决定了谋杀家康的步骤，而光秀和家康此时应该就如何反过来利用这一计划杀掉信长以及家康如何能够提早得知本能寺之变的发生并逃出堺市等具体步骤进行了商议。我想他们肯定也就发动谋反以后两人的任务分配及行动计划等进行了周密的协商。

从其他几种史料中也可分析出二人曾进行过此次协商。

实际上这次协商并不仅仅在光秀和家康二人之间进行，光秀一方的斋藤利三也出席了。并没有人直接证明光秀和家康于安土城进行密谈以及利三同席一事。但是，仔细解读史料的话，可以发现曾经有人说过只能做此分析的证言。

那就是和吉田兼见也有亲密交往的朝廷公家山科言经和劝修寺晴丰。首先我来解读一下吉田兼见的《兼见卿记》。

兼见在本能寺之变五日后的六月七日作为朝廷的敕使前往安土城与光秀会面，因此《兼见卿记》的别本（最初所作版本）记载他们曾"闲聊对此次谋反的想法"。也就是说，兼见是从光秀口中直接听到本能寺之变全部经过的重要证人。

然后兼见在第二天即六月八日，进宫谒见诚仁亲王，向他汇报了事件的详情。亲王和朝廷重臣们在此从兼见口中得知了本能寺之变的始末。

于是我想到了山科言经和劝修寺晴丰在六月十七日的日记里有关斋藤利三的记述，也就是"日向守内，斋藤内藏助，今度谋反之随一（光秀的家臣中利三最为活跃）"（山科言经《言经卿记》）和"彼等信长打谈合众也（利三是密谋讨伐信长的一员）"（劝修寺晴丰《日日记》）的记述。劝修寺晴丰一针见血地指出："利三是密谋讨伐信长的一员。"

我认为应该将这些内容看作六月八日兼见向亲王汇报与光秀见面结果的一部分。从本能寺之变那日起到两人写下日记的六月十七日，政局终日处于混乱状态，言经和晴丰得知光秀一方内部信息的机会应该只有此刻。因为在兼见向亲王汇报时，他们两人也在场。

仿佛为了证明这一点似的，《日日记》中也记载着八日兼见进宫谒见亲王汇报一事，晴丰当时也在场。

另外，《言经卿记》中六月五日至十二日之间的记录不知为何散佚了。《言经卿记》从天正四年（一五七六）一直记录到庆长十三年（一六〇八），是考证本能寺之变发生的天正十年前后相关人士动向的珍贵记录，然而可惜的是最为关键的六月五日至八日之间的记录散佚了。六月五日是本能寺之变发生后的第三天，而十二日是光秀在山崎合战中战败的前一天。应该是言经出于某种原因，将这一部分撕掉了。

因此，兼见向亲王汇报自己与光秀会面的详情时，言经是否和晴丰一样在场已无法确认，但八日的记录里一定写着不得不撕毁的重大事件。

如此看来，二人在十七日的日记里写的肯定是光秀告诉兼见、再由兼见向亲王汇报的本能寺之变的始末。也就是说，晴丰所谓"利三是密谋讨伐信长的一员"是光秀告知兼见的，而这就证明了在光秀与家康进行谋杀信长的协商时，利三也在场。

那么这次密谋为何能够确认就是"光秀在安土和家康的密谈"呢？《信长公记》写着在本能寺之变当晚即六月一日的晚上，光秀和利三等重臣商讨谋害信长一事。也有研究者指出晴丰所说的"密谋"是这次密谈。

但是，反过来想就能很容易判断对错了。

事件当晚即六月一日晚上的"密谋"内容，是在军阵中向部下下达作战指示。也就是说，参与者仅限于明智家内部。真是这样的话，那兼见应该也没有特意向亲王汇报的必要了。正是因为利三参加的密谈对于今后的形势判断有极其重要的意义，所以光秀才告知兼见，再由兼见向亲王汇报。所以，晴丰所言的"密谋"，绝不可能是六月一日晚上在阵中的密谈。

如此重要的会谈，我们只能认为是五月十四日至十七日间光秀和家康在安土城进行的协商。

事变之后，光秀想尽快得到朝廷方面对其政权的承认。为此，光秀有必要让兼见认可自己政权的稳固。为了说服兼见，他说出了自己在安土城和家康进行过协商并结成了同盟这一惊人内幕。

这样看来，后来秀吉命令大村由己几次给亲王以及公家朗读《惟任退治记》的目的也就显而易见了。这不仅仅是操纵世间舆论的手段，同时也是对了解"本能寺之变真相"的亲王和公家们的封口威胁。

密谈中在场的另一人

那么，光秀在与兼见"闲聊对此次谋反的想法"时，告诉兼见自己曾与家康在安土城进行过协商。所以后来兼见为了隐藏此事，把日记改写成"家康在安土城逗留期间，光秀虽然被命令休假，但仍因准备家康的接待工作而十分辛苦"，这就是兼见做出这一奇怪改写的理由。那么兼见专门做此改写是为了救谁呢？

因为改写发生在山崎合战中光秀败北以后，所以很明显兼见不是为了救光秀或者利三。那么，兼见是不是想救家康呢？

可是我找不到兼见和家康曾有相互关联的内容，仔细阅读《兼见卿记》的每个细节也完全找不到家康和兼见的交流。怎么看兼见也不像是要救家康，那他究竟是想包庇谁呢？

回到原点思考的话，说起来兼见辛辛苦苦地改写日记，就是为了包庇自己和与自己关系亲密的人。所以此处的改写也应该是为了包庇和自己特别亲近的人。

兼见出身于吉田神社神官世家，同时还在朝廷担任与信长交涉的职务，每次信长上洛他都一定会到中途迎接。同时，兼见还是细川藤孝的表兄弟，藤孝每次上洛都住在兼见家。另外，光秀的家臣佐竹出羽守宗实是兼见的妻舅，他也常在《兼见卿记》中登场。因此可以看出兼见和光秀有很密切的关系。

从《兼见卿记》中与其密切相关人物的登场日数来看，本能寺之变前的天正十年（一五八二）一月到五月的五个月间，信长有十二日，藤孝九日，佐竹出羽守七日，光秀五日。如果将此频率视为和兼见的亲密度，且和信长是事务上的来往不属此类，可知与他最亲密的人就是表兄弟细川藤孝了。

着眼于此，我仔细重读了一遍《兼见卿记》，发现在

五月十四日中被改写的部分之前有一段重要的记述，即
"十四日早晨长兵前往安土城"。"长兵"是谁呢？他就是
长冈兵部大辅，也就是细川藤孝。藤孝侍奉信长后受封长
冈之地，所以也将姓改成了长冈。在这前一日的记录中写
着长冈兵部大辅和嫡子与一郎（忠兴）住在京都兼见家。
也就是说，当光秀和家康在安土城进行密谈时，藤孝父子
也从京都来到了安土。

这样一来，兼见通过即使改写日记也要隐藏光秀和家
康在安土城协商的理由就清楚了，兼见想隐藏的是"藤
孝也参与了谋反的协商"。对于兼见此处古怪的改写，我
想不出包庇藤孝以外的任何理由。

藤孝发出的警告

即便藤孝真的参加了光秀的会谈，也并不是值得惊讶
的事。

虽然不太清楚光秀作为中间侍奉藤孝的始末，但二人
曾是主从关系且关系颇深是肯定的。而且二人后来侍奉义
昭、信长时，从光秀的三女玉子（后来的"伽罗奢"）成
了藤孝嫡子忠兴的正室等关系看来，只能用盟友来形容他
们的亲密关系。光秀如果要谋反，就不可能不先和藤孝结
成同盟。

也就是说当时成立了光秀、藤孝、家康的"三者同盟"。

如果藤孝也参加了密谈的话，那他当然同样在事前就知道了本能寺之变的发生。能证明这一点的就是兼见的六月一日缺席之谜。

事变前的六月一日，公家们蜂拥而来拜会到京都后入住本能寺的信长。朝廷的公家几乎全员参加了这次行动，可是只有兼见没有出现。

兼见作为朝廷方面接待信长的负责人，经常第一个出去迎接上洛的信长。他这次居然没有去本能寺迎接信长，怎么想都是极其异常的，而他之所以采取如此异常的行动，就是为了避开当天会发生的谋反，除此之外难做他想。

因为实际上本能寺之变发生在第二天六月二日的拂晓，所以兼见的这个行为错开了一天。其原因就是兼见虽然知道本能寺之变要发生，但他不知道确切的日子。我认为这种猜测比较符合逻辑。

光秀、家康、藤孝在安土城密谈之际，信长计划于本能寺除掉家康一事虽然已经决定，但是具体的日期还未可知。信长定下日期并通知相关人等是在六月一日的前一天，也就是他发出通告的五月二十九日（这一年的五月只有二十九日）。不知道准确日期的藤孝，大概是警告了兼见"信长投宿在本能寺之时不要靠近"吧。

本能寺之变

那么藤孝是在何时告知兼见本能寺之变将要发生的呢？

有种说法叫"兼见日记空白之谜"。兼见每日都极其认真地写日记，然而他在四月和五月各有一次连续四天没写日记。此事非同寻常，其间发生了什么也是个谜。

我们只要联想一下兼见在朝廷的职务，马上就能解开这个谜题。

兼见是朝廷一方负责与信长接洽的人。四月日记的空白在二十日至二十三日之间，而信长攻打武田后回到安土城的日期是二十一日。兼见此时应该是为了迎接信长同时庆祝胜利而去了安土城。

五月日记的空白是在十七日至二十日之间。信长在安土城招待家康是在十五日至二十日之间。此时兼见也为了欢迎逗留在安土城的家康而前往安土。因为他到安土城出差没有随身携带日记，于是兼见就没有写日记。

于十七日到达安土城的兼见应该曾与藤孝有过会面，他肯定是在那时被藤孝警告"信长投宿在本能寺之时不要靠近"的。

根据《信长公记》的记述，信长命令光秀和细川忠兴等出征中国地区是在十七日，光秀在那天回到了坂本城，估计藤孝父子也采取了同样的行动。所以藤孝应该是在十七日匆忙给兼见发出了事前警告。

貌似成功的谋反

五月十七日，光秀回到坂本城，开始细致周到地为起事做准备。决定发动对信长谋反的光秀一回到坂本城就开始迅速进行确保谋反后同盟者支持自己的行动，他写下了许多与信长的敌对势力联系的密信。为了不走漏风声，密信不能在六月二日之前送出，只能等六月二日成功除掉信长后，光秀才可以派遣密使前往各地。他必然毫无懈怠地做好了进行同一时间派出密使的万全准备。

实际上，本能寺之变以后，近江的阿闭贞征和京极高次等就迅速攻陷了秀吉的居城长浜城，若狭的旧守护武田元明也占领了佐和山城。我认为这就是光秀发出的密信中约好的行动。

而且，光秀于二十二日前进入丹波龟山城进行出征的最后准备。此次出征既不是伪装的出征中国地区，也不是受命于信长的发起进攻家康领地的战斗，而是讨伐信长以及制服畿内织田军的战争。

做好万全准备的光秀，于二十四日在爱宕山召开连歌会，向神佛祈祷谋反成功。

发句　時は今あめが下なる五月かな（如今在

本能寺之变

雨下，时逢五月天）光秀

举句　国々は猶のどかなるとき（各国更为安宁时）　光庆

二十九日，信长上洛进入本能寺，之后发出了"上洛通告"。

通告里写着"六月二日到本能寺"，且包含了对光秀、顺庆、忠兴、家康的命令。光秀甚至不需要事先通知家康谋反发起日，信长自己发出的通告就已经替他完成了这个工作。发起日就是六月二日。

六月一日夜里，从龟山城出发的光秀军在第二天拂晓一举进攻本能寺，如预想般顺利除掉了信长。

然而之后计划向安土城进发的光秀收到了意外的通知，那就是本应和家康同行至堺市的信长嫡子织田信忠据守在二条御所。光秀军立刻包围了二条御所，经过激战后杀掉了信忠。在事前的商谈中，讨伐和家康共同上洛的信忠本是家康的任务。

更让人意想不到的是，本应稍晚到达本能寺与光秀会师的筒井顺庆和细川忠兴却迟迟未到。他们受命于信长，本应该在家康被除掉后到本能寺会师，并为进攻家康领地做准备。

光秀选择放弃等待直接进军安土城。因为他必须尽早占领安土城，以压制近江、美浓、尾张的织田势力。

　　据《信长公记》记载："光秀认为近江方面的军队随时可能会进攻过来，所以立马朝势田进军。虽然他曾请求山冈美作守景隆、山冈对马守景佐兄弟加入己方，但山冈兄弟烧毁了势田桥①，并放火烧掉居城后逃往山中。"书中记载山冈兄弟火烧琵琶湖上的桥梁以阻碍光秀进入安土城，无奈光秀只能回到坂本城。

　　光秀之后的行动可见于《兼见卿记》。

　　六月三日，光秀开始对付近江的织田势力，到六月四日就把近江全境纳入了自己的势力范围。五日，光秀军修好势田桥，未遇任何抵抗就进入了安土城。

　　另一方面，光秀派遣藤田传五到本该与其会师的大和的筒井顺庆处，奈良兴福寺莲成院的《莲成院记录》记载了光秀从五日起逗留在该处一事。顺庆应该也是由此正式开始了对光秀的支援活动。同样，《绵考辑录》里也记录了沼田光友曾作为光秀军使者拜访藤孝一事。

　　六日，占领了安土城的光秀开始全力平定美浓、尾张。同时，京都方面的朝廷也迅速做出行动。诚仁亲王下令光秀"维持京都治安"，并派遣吉田兼见作为敕使前往安土城。

---

　　①　即今濑田唐桥。

七日，到访安土城的兼见与光秀会见，"闲聊对此次谋反的想法"。光秀向兼见说明自己的政权即将稳固确立起来，并要他转达朝廷。为了增加可信度，光秀也谈及了他在安土城和利三一起与家康、藤孝结盟的事实。对于此刻的光秀政权来说，朝廷的信任不可或缺。

《兼见卿记》里记载，离开安土城的蒲生贤秀仍未出仕光秀（仍未向光秀表明臣服之意），而贤秀以外的织田诸将领俱已经出仕光秀。虽然有一些误差，但至此光秀的计划正一步步走向成功。

脱轨的命运齿轮

八日，光秀准备上洛。因为他收到了秀吉中国大返还的消息。

弗洛伊斯在《日本史》里记载："突然收到从京都来的信使带来的消息，说敌人的部队以惊人的速度不断逼近，好像正不顾一切地飞奔而来。"

在秀吉寄给中川清秀的书信中，记录了五日秀吉已在从备中高松返回的途中，而杉若无心寄给松井康之的书信里则写着秀吉主力部队已于六日回到姬路。这些消息在八日就已传到光秀耳中，恐怕是潜伏在姬路监视的光秀手下传来的急报。光秀果然为了谋反能够成功而做了各种准备。

八日的《兼见卿记》里记录光秀发布的命令为："明日进军摄津。"这证明光秀上洛是为了对付正在逼近摄津的秀吉。

秀吉动作之快大大超出了光秀的预想。这样一来，顺庆、忠兴的迟到就变成了大问题。这天夜里，光秀回到坂本城，给家康、顺庆、藤孝父子写下了紧急求援信。

然后就该和家人告别了，光秀肯定留下了遗言："如果自己有个三长两短，其他人一定要活下去，另图土岐氏的复兴。"因为一族的救赎才是光秀谋反的第一目的，他决不能让土岐明智氏在自己这一代灭亡。光秀希望自己的孩子能继承自己的意志，他应该就是这样考虑的。

九日，光秀从坂本城出发上洛。途中，公家集聚迎接光秀，但光秀向兼见表达了无须出迎的意思。

光秀上洛后造访了兼见的府邸，向以天皇、亲王为首的贵族，以及京都五山①、大德寺、兼见献上银钱，还在连歌师绍巴、昌叱、心前的陪伴下，于兼见府邸进餐。五月二十四日的"爱宕百韵"连歌会估计也是当时的话题之一。之后，光秀出征前往下鸟羽。

---

① 京都五所著名佛教临济宗寺庙的并称，为天龙寺、相国寺、建仁寺、东福寺、万寿寺。

本能寺之变

兼见将从光秀处得到银钱一事报告给朝廷，作为回礼兼见又携带亲王的奉书特意前往下鸟羽拜访光秀。朝廷此时对光秀还是信任的，大概是因为朝廷认可了光秀与兼见"闲聊"时所谈及的内容吧。

九日早晨，兼见收到了光秀的书信，京都的茶屋四郎次郎处应该也收到了光秀的书信。这是光秀向家康请求援军的书信。

光秀九日寄给细川藤孝的亲笔信收录于细川家的《绵考辑录》，这封书信的大概内容如下。

> 虽然我对于藤孝、忠兴父子为悼念信长而剃发一事感到气愤，但这也是无可奈何之事。话虽如此，还是希望你们作为同伴派遣重臣到此。我已预定将摄津赏给你们，如果你们有意，但马①、若狭也可献上。我们的谋反也是为了提拔与一郎（忠兴），五十天或一百天之内我将稳定邻近各国，之后准备将政权交予十五郎（光秀的嫡子光庆）、与一郎。

光秀一面责备藤孝父子悼念信长的离心之举，一面不停说服他们加入己方。从此可以看出光秀为了达成此事拼

---

① 日本古代令制国之一，约为今兵库县北部。

尽了全力。

然而，收录这封书信的《绵考辑录》，作为细川家家记编撰而成，本就是充满问题之作。再加上有学者说从笔迹和花押①判断此为伪作，所以我们不能完全相信书信的内容。此封书信有可能是细川家为了自己方便而将光秀的真实书信部分改写后编成的。

即便如此，我们依然可以从字面看出，本该是光秀同盟的藤孝父子此时尚未背叛信长，以及光秀谋反是为了给包含细川家在内的全族下一代开拓未来。这也印证了我前面分析的部分内容。

另一方面，顺庆在此日开始了背叛光秀的行动。不仅是光秀向他发出请求援军的书信，秀吉也给他发过好几次书信。《多闻院日记》里记载顺庆匆忙撤回了已经下令出征河内②的军队，开始着手在郡山城守城的准备工作。因为出征河内是支援光秀的行动，《多闻院日记》里也认为撤军这一举动可能是由于顺庆改变了心意。

十日，光秀发动对摄津的征服，但是此时统治摄津的池田恒兴、中川清秀、高山右近站在秀吉一方。切支丹大

---

① 代替签名的一种花式签署样式。
② 日本古代令制国之一，约为今大阪府东部。

名高山右近之所以不支持光秀，是因为其背后也有耶稣会势力的鼓动。本能寺之变后，耶稣会传教士奥尔冈蒂诺在写给右近的信里说"不论发生什么都不要支持光秀"。天正六年（一五七八），荒木村重发动针对信长的谋反时说服右近背叛村重的也是奥尔冈蒂诺。耶稣会绝不会原谅杀害庇护他们的信长的光秀。

与此同时，顺庆背叛一事也逐渐变得明朗起来。《多闻院日记》里记载，光秀派去的藤田传五一度离开顺庆处又被顺庆叫回，顺庆应该也曾犹豫过吧。

十一日，光秀从摄津回到下鸟羽，开始修补淀城。他放弃了征服摄津，而将防卫线撤至山崎一带。光秀肯定也意识到自己陷入了非常严峻的状况。

在山崎的败北以及灭亡

接下来我将通过《兼见卿记》来确认从山崎合战到光秀战败身亡的过程。

十二日，胜龙寺的西面发生足轻的火枪战。周围被放火。

十三日，雨降，至申时（下午四点左右）于山崎有铁炮音，鸣放数个时辰不止，有一战。战败的武士从五条口逃至白川一条寺（一乘寺）附近，被一揆杀死或抢劫。从京都传来消息，称光秀在山崎一战中战败据守胜龙寺城，死伤惨重，还称秀吉军二万余人包围了胜龙寺城。

十四日，昨夜，据说光秀从胜龙寺逃走。逃往何方尚未可知。

十五日，光秀在醍醐附近被一揆杀死，村井清三将其首级献给织田信孝。

我们可以确认以下事实：在山崎发生了长时间的枪战；光秀的伤残士兵通过京都逃往坂本，可是途中遭到一揆袭击；失败的光秀一度据守胜龙寺城；光秀在醍醐一带遭一揆杀害。

秀吉授意书写的《惟任退治记》里也有同样的内容。

惟任人数段段立置，数刻防战之处，中筋川手山手一度回旗手，矢楯不潜押込，即时追崩，悉皆败北，惟任近侍三十（千）计，一手塊，楯笼胜龙寺，方方北走辈，或久我绳手，或至西冈桂川淀鸟羽，追诘追诘杀之，切入丹波路筋，于落武者一人不遁讨之，则胜龙寺寄人数，四方八面阵取之，悉成可挫之行……夜半计，密五六人告知，此地者案内者也，大道不透，田畔传薮原中，忍忍落行，寄手疲昼之合战，敷铠袖，枕干戈，守其隙，胜龙寺围蹈虎尾出之，城内闻惟任落，我先崩出，或寄合外厅，或行当待伏，过半不遁者也。

山科醍醐相坂，又吉田白河山中，其边于方方，打取来首不知数……讨捕来首，悉点捡之处，其中有惟任首。

（光秀把军队分别派遣出去，而秀吉则将军队分成中路、山路和水路三支，联合起来一鼓作气杀进去，光秀的军队迅速被击溃，悉数战败。只剩下光秀近侍约三千人聚集成军固守胜龙寺城。秀吉军从丹波路方向切入，追杀逃往各处的残军，没有放过一个落败的武士，并从四面八方包围了胜龙寺城。深夜，光秀由五六人领路逃出城外。他们看准敌方在白天的合战中过于疲劳而陷入熟睡的空隙逃了出来。城内得知光秀逃脱，纷纷溃逃，过半被击杀。

于山科、醍醐、逢坂、吉田、白川、山中附近被砍下的首级无数，都被集中在本能寺。秀吉悉数清算各方斩杀的首级时，发现里面有光秀之首。）

《惟任退治记》里记载了秀吉将军队分成了三支。秀吉在写给浅野家的书信中记载了其战略部署。

　　　　十三日晚光秀军对扎营山崎的高山右近、中川清
　　　秀、堀秀政发动进攻。然而攻势被在大路（中路）
　　　的高山、中川、堀，以及南路（水路）的池田、秀
　　　吉、加藤光泰、木村隼人、中村一氏等人瓦解，山路
　　　的羽柴秀长、黑田孝高、神子田半左卫门等人反击成
　　　功，然后包围了胜龙寺城。光秀虽然夜里从胜龙寺城
　　　逃走，但在山科的竹林里被农民杀死了。（《浅野家
　　　文书》）

　　事件之后写成的《惟任退治记》里提及三支部队同
时发起进攻，而这封书信里记述的则是光秀军队挑起战
斗，进攻进入西国街道①扎营于山崎村的高山右近、中川
清秀、堀秀政。
　　弗洛伊斯也在《一五八二年日本年报追加》里记载
了此事，估计他是从高山右近处得知有关山崎合战的消
息的。

　　　　摄津的三位领主比秀吉先行到达名为山崎的宽阔

---

① 　山阳道的别称。

村落。中川清秀向山区进军，池田信辉向淀川河沿岸进军，高山右近往中央的山崎村进军。右近听闻明智军已攻至附近，在向后方的秀吉请求支援的同时，止住了前往战斗的急行军。可是因为明智军已经逼近至山崎村的东黑门，于是右近便率不到一千人的军队开门迎战。与高山军仅死一人相比，明智军有两百上级武士战死，军心已衰。第一回合战斗之后，位于两翼的中川、池田军前来会合，明智军开始逃亡。虽然秀吉两万人的军队正在逼近一事让光秀军丧失了勇气，但结果秀吉军因疲劳并未赶到。这场在正午的胜利成了导致光秀灭亡的主因。

光秀的士兵非常急于逃亡，考虑到胜龙寺城也不安全，他们在下午二时穿越京都，全员通过只用了两个小时。他们在朝着目标坂本城逃跑的途中遭到各村落盗贼的袭击，最后大半未能到达坂本城。

光秀和一部分士兵一起进入了胜龙寺城。其后秀吉全军逼近包围，整夜鸣枪，声响之大连在京都都能听见。包围军由于困顿疲乏，一直睡到天明。光秀几乎是独自从城中逃离奔向坂本的，他请求躲藏起来的农夫等人带自己去坂本，却被他们用枪刺死了。

根据弗洛伊斯的记述，战争开始于正午。秀吉的主力部队在后方，作为秀吉一方出战的只有从山崎村出击的高山右近军。这场合战是由光秀方先挑起的。劝修寺晴丰也在十三日的日记里写道："雨降，清晨明智军败。"（《日日记》）果然战斗是在上午较早的时刻开始的。看来光秀选择了在秀吉的主力部队到达前展开攻击右近等摄津军的作战，而且选取山崎东黑门的出口处作为攻击高山右近军的地点。

然而光秀军在这场前哨战中不堪一击，估计是因为高山右近军的铁炮队得以在山崎村的建筑物中避雨，从而发挥了压倒性的威力。若非如此的话，仅凭高山右近军"不满一千人的军队"，大概无法导致"与高山军仅死一人相比，明智军有两百上级武士战死"这样一边倒的结果。

山路的中川军和水路的池田军赶来参加战斗，以此为契机，光秀军开始逃亡。败走的光秀军从下午两点到四点通过京都。

吉田兼见写道："雨降，至申时（下午四点左右）于山崎有铁炮音，鸣放数个时辰不止，有一战。"这场枪击大概就是弗洛伊斯所写的在光秀进入胜龙寺城后"其后秀吉全军逼近包围，整夜鸣枪，声响之大连在京都都能听见"吧。秀吉在书中写其兵分三路同时开战，虽然他在寄给浅野家的书信写将于十三日晚开战，但这应该只是秀吉军主力部队的行动，而摄津军早已击溃光秀的先头部队取得了胜利。

这样看来，山崎合战并非光秀军和秀吉军的全面激战，而是高山、中川、池田的摄津军和光秀的作战。这时，从备中高松急行军返回的秀吉军因困顿疲乏战力低下，从光秀的立场来看，他恐怕是想趁其尚未到达山崎前先取得对摄津军的胜利。对光秀而言，在山崎村狭窄的东黑门出口处迎击高山军自是理所当然的战略。

秀吉的中国大返还确实导致了光秀的失败，但细细追究的话，摄津军支持秀吉与光秀为敌才是导致光秀失败最重要的原因。奥尔冈蒂诺写信给右近说"不论发生什么都不要支持光秀"一事就决定了光秀的失败。

本能寺之变后的混乱中，待在安土城教会的奥尔冈蒂诺等人为盗贼所骗，被监禁在琵琶湖的岛上，把他们救出来的是光秀的家臣。那封引发问题的书信是光秀的小姓为了说服高山右近而命奥尔冈蒂诺所写并特意亲自送达右近处的。虽然书信用日语所写的内容是"支持光秀"，然而其中用葡萄牙语所写的部分是完全相反的意思。光秀的小姓读不懂葡萄牙语，可右近读得懂。对光秀来说，他向耶稣会展示的温情反而引起了仇恨。

虽然在定论中光秀是于小栗栖的竹林里被杀害的，可是不管哪则史料中都不见小栗栖这个地名。光秀是在醍醐或者山科附近被杀的。当时光秀无论如何都想回到坂本城整军重来，他肯定想着："我还没有输，只要家康的援军一到就还能重头来过，胜负尚未可知。"

然而光秀赌上土岐复兴以及一族存亡的战斗还是就此结束了。

光秀遗体的首级和身体被缝在一起受磔刑后被暴尸于栗田口，那里是通往京都的东海道及东山道的出入口。之后栗田口东面立了光秀的首级塚，他就被埋葬在那里。现在，位于东山三条白川路的"明智光秀首级塚"由从江户中期起传承下来的一脉子孙（和果子屋饼寅）负责祭祀。

第 10 章
德川家康的企图

捏造的穿越伊贺之苦

五月十五日，家康带着以石川数正以及以后来被称为"德川四天王"的酒井忠次、本多忠胜、榊原康政、井伊直政为首的重臣们造访安土城。

接着，五月二十一日家康从安土前往京都。《信长公记》记载，家康前往京都是奉"信长之意"，即信长的命令。信长无论如何都必须让家康先到京都，再前往堺市。

家康应该相当清楚离开三河并深入信长支配的领地有多危险，从他向来小心谨慎、思虑周全的危机应对能力看来，这次安排是极其异常之事。何来此说呢？因为完全可以预见，一旦家康和重臣们被一网打尽，德川家会就此灭亡。家康不可能连这种事情都没注意到。虽说事实上确有信长的命令，但家康为何会如此轻易地服从了信长的命令呢？

理由只有一个，那就是因为家康早就和光秀结成了同盟。

家康在接受信长的邀请决定上洛的同时，也做好了万一发生意外时迅速从堺市脱身的万全准备。如同信长为了让家康放下戒心假装要出征中国地区一样，家康也为了让信长放松警惕而故意装作中了信长的计谋。

那么，家康在本能寺之变以后是如何行动的呢？

本能寺之变发生的六月二日早晨，家康身处堺市。

与家康同行的京都商人茶屋四郎次郎是三河出身，曾随家康军参与过作战等，与家康有特别深厚的关系。家康一行人来京都总是投宿在本能寺附近的四郎次郎宅邸里。

茶屋四郎次郎的子孙著有《茶屋由绪记》，我将里面的内容摘要如下：

茶屋四郎次郎清延为了向信长转达家康一行人已经参观完堺市一事，于六月一日（先行）向京都出发。

本能寺之变爆发以后，四郎次郎立刻奔走至堺市做紧急通报，（途中接近中间点时）在枚方偶遇（那天早晨先行出发离开堺市的）家康家臣本多平八郎忠胜。

本能寺之变

（四郎次郎在继续朝堺的方向折返时）于饭盛山遇到家康一行，大家一起商量了善后事宜，讨论并做出归国以后进行复仇作战的决定。虽然他们处处碰到山贼，但因为四郎次郎早就先行用银两打点，所以所到之处皆有人领路，家康得以一路顺心地回到三河。

由此可知，家康极其慎重地做了双重保险，让四郎次郎和本多平八郎分别先行。这肯定是为了尽早得知事变发生而做的准备。

本愿寺门主显如的文书宇野主水在六月二日的日记里写道："早上，德川殿下上洛。此乃紧急上洛。因主上（信长）二十九日从安土上洛，故而匆匆上洛。"这描写了家康匆忙上洛的样子，他在后面的补记里还写道："此次上洛是得知信长自杀后的计谋。"果然，当时的人们也怀疑家康是提前知晓了本能寺之变的爆发才有此行动的。

而且我们还知道了穿越伊贺也并非十分困难之事，因为"家康得以一路顺心地回到三河"。此次逃回三河的行动被世人称为"神君①穿越伊贺"，家康历经磨难九死一生才回到三河之说已成为定论，然而事实好像并非如此。

让我们再参照一下其他史料。家康穿越伊贺时曾有一

---

① 德川家康死后被称作"东照神君"，故有此名。

百九十名伊贺忍者负责护卫，《伊贺者由绪书》里记载了天正十年（一五八二）伊贺国鹿伏兔山峠为家康带路者，即自柘植三之丞以下一百九十人的名字，服部半藏的表兄弟富田弥兵卫、山中觉兵卫等人也在列。也就是说伊贺忍者的精锐尽出，承担了此次护卫工作。

为什么伊贺忍者会护卫家康呢？家康家臣的大久保彦左卫门忠教在《三河物语》中对此做出如下解释：

> 家康在堺市听闻此事（本能寺之变）后，已经不可能再前往京都，于是选择穿过伊贺国返回。
>
> 当时，信长曾在攻打伊贺国时杀光了所有人，连逃亡到他国的人也是一旦抓到就格杀勿论。然而家康对于逃到三河投靠自己的人，一个都没被杀掉，还在生活上给予照顾。逃脱追杀的人非常感激，认为"此时我们必须报恩"，因此护送了家康。（小林贤章现代语译《三河物语》）

信长在本能寺之变的前一年天正九年（一五八一）攻陷伊贺，伊贺几近全军覆灭。然而家康藏匿了逃亡到三河的伊贺人，这些人为了报恩，出动伊贺忍者协助了家康一行。

也就是说，对于家康来讲伊贺是能得到援助的好地方。家康早就选好穿越伊贺的逃跑路线，还为逃跑准备了守卫，若非如此，他不可能迅速集齐近二百人的护卫。

根据《石川忠总留书》所说，服部半藏正成是与家康同行的三四十人（包含小姓十二人）中的一人。服部半藏虽然被认为是伊贺忍者，但其实出生于三河，作为家康的家臣也曾在三方原合战和长篠合战中建立军功。由于半藏是随其父辈才开始搬到三河居住的，所以在伊贺也有亲眷，他是成为这出"逃脱剧"导演的最合适的人物。家康如此这般地安排了合适的人选，做好了万全的准备。

被称为"神君穿越伊贺"的家康九死一生的逃跑故事，其实是为了隐瞒早就准备好的逃跑计划。

被谋杀的穴山梅雪

在这出逃跑剧中，家康还谋划了另一件事。那就是和家康同行的武田旧臣穴山梅雪之死。

《信长公记》中记载，穴山梅雪与家康一行人同行，在从堺逃跑时被一揆袭击丧命："在退往宇治田原时，遭遇一揆，穴山梅雪自杀。"

耶稣会传教士路易斯·弗洛伊斯在《日本史》中写道："穴山殿下更迟一步出发，据说同行的只有些许人，因此途中遭袭，（中略）（一揆的人）到底还是杀掉了他。"

家康的家臣大久保彦左卫门忠教在《三河物语》中写道:"穴山梅雪对家康心怀疑虑,便与家康保持了一点距离,因此被盗贼们杀死了。"但是,太田牛一和弗洛伊斯自不用说,就连大久保忠教也并没有与家康同行,他们都只不过是把通过某人得到的间接信息写出来罢了。

大多数研究者提及穿越伊贺时肯定会引用《石川忠总留书》作为参考文献。书中记载:"据说穴山梅雪别有心思,所以与前队相距一里左右跟在后面,结果遭遇当地人袭击,无一幸存。也有说法称梅雪的家臣杀死了领路的向导,引发了当地人的愤怒情绪,当地人就把梅雪也杀了。"石川忠总是与家康同行的大久保忠邻(忠教之侄)的亲儿子,出生于天正十年(一五八二),对于自己出生当年发生的事情,他当然不可能在事件发生之后马上取材记录。

另一方面,不可思议的是,在随行家康穿越伊贺的酒井忠次、本多忠胜、榊原康政、井伊直政、高力清长、永井直胜、服部正成的子孙们写下的关于穿越伊贺的功勋谈之中,谁都没有提及梅雪被一揆所杀这件事(《宽永诸家系图传》、《宽政重修诸家谱》)。

尽管这句证言的可信度很低,但是谁都没有对梅雪为一揆所杀的说法产生怀疑,此说法也成为定论,"神君穿越伊贺"作为一个危险的逃跑行动而为人所接受。

然而家康一回到三河，就马上趁乱夺取了甲斐、信浓。而甲斐的一部分正是穴山梅雪从信长处得到了本领安堵许可而领有的土地。梅雪是武田信玄姐姐的孩子，是胜赖的表兄弟，胜赖死后他继承了武田家的家名，位于武田旧臣之首。

梅雪的死对于家康来说也未免太过于凑巧，这不免让人怀疑梅雪真的是为一揆所杀吗？

有一位极其严谨诚实地记录了事实的家康家臣，那就是每天连天气都详细记录在日记里的三河深沟城主松平家忠。家忠当时在冈崎附近的深沟，他在《家忠日记》里对家康逃离堺市一事做了如下描述：

六月三日

京都酒井忠次处传来了家康归国以后就将出征西国的消息。到了酉时，又传来了光秀和织田信澄在京都发动了谋反以及信长已死的消息。

本能寺之变的消息在六月三日酉时（下午六点左右）传到三河。织田信澄是信长的弟弟信胜（信行）之子。信胜为兄长信长所杀，加之信澄娶了光秀的女儿为正室，因此他被怀疑参加了光秀的谋反。

随家康前往堺市的酒井忠次的消息比本能寺之变的消息来得更早，忠次希望尽快把准备出征的意思传达给属下松平家忠。这大概是在六月一日得到的消息。作为联络员留在京都的忠次仆人在先行前往京都又折返的茶屋四郎次郎处得到了忠次的书信，后将其送达三河。若非如此，这个消息不可能比事变发生的消息更早到达。

《吴服屋由绪记》中记载，京都的商人龟屋荣任向家康紧急报告本能寺之变的爆发并申请跟随其穿越伊贺时，信乐因为京都有同伴而秘密回到京都与之会合后前往近江，也从那里开始与家康一行结伴同行。家康似有多名部下在京都，他们好像是在家康到京都留宿的茶屋四郎次郎处待命。

六月四日

家康曾在堺市，但又回到冈崎。家康以下全员都从伊势出发登陆大浜。我到市中迎接。穴山切腹。途中听闻信澄谋反，乃谣言耳。

因为四日家康就从堺市回到了冈崎，所以家忠前往迎接。但从此文中可知，穴山梅雪明显不是为一揆所杀，而是"切腹"。对于梅雪的切腹，家忠应该是向家康一行确认过的。

梅雪遭遇一揆袭击后走投无路选择切腹。家忠向家康一行确认的是否可能是这样的内容？但是，不可能只有梅雪遭到袭击而家康一行却丝毫无损，如果真遇到如此紧迫的状况，家康一行人肯定会头也不回地逃跑，更不要说在业已成为定论的"穴山梅雪对家康心怀疑虑，便与家康保持了一点距离，因此被盗贼们杀死了"的状况下，家康一行还有可能亲眼看到梅雪的切腹。

六月四日的日记里还有补记。我为了确保正确性在此引用原文："此方御人数雑兵共二百余うたせ候。"意思是"我方部下和杂兵共二百余人击杀之"。作为主语的命令方和作为宾语的遇害方都没有被写出来。从文脉上来看，这是"穴山切腹"的补充，把宾语看作穴山梅雪和他的家臣较为妥当。也就是说，"家康的部下和杂兵共二百余人击杀了穴山一行人"，梅雪被家康逼迫切腹了。

这句话也可以解释成"我方军队杀死了二百余人杂兵"。但如果真是这样的话，同行者的子孙们应该会留下这样的功勋谈。可事实上，并没有提及此事的史料。

既然是"我方部下和杂兵共二百余人击杀之"，那么家康家臣三四十人，加上随行"穿越伊贺"的一百九十名伊贺忍者，在数字上应该是一致的。如果真是这样的话，梅雪在六月二日的宇治田原附近被杀害的定论就将不再成立，伊贺忍者随行的是四日翻越鹿伏兔山峠的路。

这样解读家忠证言的话，杀害梅雪是家康的阴谋就成了不可动摇的事实。家康与同行的家臣们统一口径保守秘密，却不曾想到有个坦率之人在日记里写下了真相。

胜赖灭亡以后，武田家的家名由梅雪继承，那梅雪死后又如何呢？其后武田家的家名曾一度由梅雪之子胜千代继承。然而，胜千代在五年后的天正十五年（一五八七）早逝，梅雪就此绝后。之后，武田家的家名由武田信吉继承。武田信吉又是谁呢？武田信吉就是家康的第五子万千代改名后的名字。光看这点，还坚持相信梅雪是被一揆杀害的人未免过于天真了。

江村专斋曾说："既有人说穴山是在途中遭遇一揆被害，也有人说是家康所为。骏府也轻易地落入家康之手，甲斐的河尻秀隆也为家康所灭。"（《老人杂话》）到专斋过世时的宽文四年（一六六四）前后，世间还普遍认为梅雪有被家康杀害的可能性，而现代人认定的"被一揆杀害"，只不过是后来被人改编后的"常识"。

天正壬午之乱的阴谋

回到三河的家康马上开始了瓦解甲斐、信浓织田军的行动。围绕旧武田领国（甲斐、信浓、上野、骏河）的战乱持续到十月，被称为"天正壬午之乱"。在平山优的

本能寺之变

《天正壬午之乱》中对其整个经过有详细记述。虽然最终家康得到了甲斐和半个信浓，但问题的关键在于这一行动的开端。让我们来确认一下家康在和光秀同盟的基础上，是怎样策划此次行动的。

家康回到冈崎后就立刻寄书信给躲在远江的武田旧臣信浓佐久郡的国众①依田信蕃，让他"动身前往甲斐、信浓，想办法让两国都落入家康手中"（《依田记》）。

记录下此事的是《依田记》，其作者为依田信蕃之子康真，他把与尾张初代藩主德川义直之间的问答写成了书，也就是《依田记》。其可信度大大高于那些为了表彰祖先的功勋而写成的由绪记②。

五日，家康指示同样躲在远江的甲斐武川众③折井次昌和米仓忠继即刻归来开展让甲斐武士归属德川的活动（《宽永诸家系图传》、《谱牒余录》）。如此迅速的行动明显表现出了家康瓦解旧武田领织田军的意图。

随后六日，家康命令武田家旧臣的骏河众冈部正纲在梅雪领地的甲斐巨摩郡下山中筑城（《宽永诸家系图传》）。这是投入大量人力进行明确军事行动的开始。

---

① 即国人众。国人领主，是地方性很强的领主，作为土著势力与外部实力相抗衡，以确保自身的支配权。

② 记述事件始末的文件或书籍。

③ 甲斐国边境的武士集团，战国时期逐渐成为武田家臣。后文的"骏河众"等亦属此类。

十日，家康把随行穿越伊贺的重臣本多信俊派往甲斐领主河尻秀隆处，表面上是去请求协助（《当代记》），其实是想设法把秀隆赶出甲斐。

十二日，家康派遣旧武田重臣曾根昌世和冈部正纲给甲斐的加贺美右卫门尉发去了知行安堵状[1]（《古今消息集》）。承认河尻秀隆治下领地的所有权，也就是向秀隆保护下的武田旧臣们保证了家康将会把他们作为家臣来对待。

十四日，被派遣至河尻秀隆处的本多信俊为秀隆所杀（《三河物语》）。这应该是秀隆在得知家康夺取甲斐的阴谋后感知到危险处境而采取的行动。

十五日，北条氏政[2]察觉到家康入侵甲斐，便向甲斐都留郡的当地豪族渡边庄左卫门卫颁发了盖有朱印的文书，命令他在都留郡集结军队（《战国遗文（后北条氏编)》）。氏政终于注意到了家康的阴谋。也有人认为家康在天正壬午之乱中夺取甲斐、信浓是对北条氏入侵的自卫，但我认为这种看法是不得要领的。

十七日，家康家臣大须贺康高扎营甲斐，并颁发了安堵状（《三河物语》）。家康终于开始毫无顾忌地正式实施

---

[1]　主君给家臣颁发的承认其职位或领地的保证文书。

[2]　北条氏政（1538—1590），日本战国时代和安土桃山时代关东地区大名。

计划。其背景是于十五日家康得知光秀战败身死，因此不得不放弃增援光秀，而把精力集中于夺取甲斐、信浓上。

十八日，家康在甲斐组织一揆杀死河尻秀隆。秀隆家臣三千人几乎全被一揆所杀，幸存者四散奔逃（《当代记》、《三河物语》）。甲斐织田军就此完全崩溃。这天在信浓，依田信蕃回到了佐久郡小诸城（《依田记》）。

如此看来，家康举全力瓦解旧武田领的织田军，并且漂亮地取得了成功。高柳在《明智光秀》里所谓"家康在回到冈崎后便于第二天即六月五日迅速展开了针对光秀的敌对行动"的定论应该改写成"家康在回到冈崎后便于第二天即六月五日迅速展开了针对甲斐、信浓织田家的敌对行动"。

毫无行动的西阵

很明显，家康对甲斐、信浓的织田家发动了敌对的军事行动。那么，关于"讨伐光秀"一事，家康又是如何展开行动的呢？家康是像定论中所说的那样立刻展开了对光秀的讨伐行动吗？

让我们以意外发现的可以作为证明谋杀穴山梅雪证据的松平家忠《家忠日记》为根据，追踪一下家康回到三河后的行动。

六月五日

今虽为城中当值之日，但因受命准备出征事宜，故早早回家。从伊势、尾张派来的使者至家康处。或为成其友军特来游说。

家康回到三河的第二天就命令属下准备出征事宜。松平家忠等西三河众受命负责向西进军，称为"西阵"。与此相对，家康动员骏河、远江、东三河的兵力进军甲斐、信浓，称为"东阵"，由此我们可以得知家康展开了两面作战。

另外，伊贺和尾张的织田家马上就派来了游说家康的使者，可知织田一方也担心家康会成为自己的敌人。如此看来，"家康不可能与织田家敌对"这种现代人深信不疑的观点只不过是一厢情愿的看法。

六月六日

雨。原地待命一天，从酒井左卫门尉（忠次）处接到指示，东三河众将于八日抵达冈崎，西三河众则原地等待其后通知。

西三河众的家忠原地待命一天，并从负责统领西阵的酒井忠次那里收到了本来要和西阵会合的东三河众要等到八日才会抵达冈崎的消息，因此西阵必须待命直至八日。以往的定论认为，家康之所以没有赶上征讨光秀的行动，是因为连绵几日的大雨，然而事实上当时只有这一天是雨天。

六月七日

西三河刈屋城主水野宗兵卫（忠重）于京都战死。

水野忠重是被怀疑与武田胜赖勾结、被信长命令处死的水野信元的弟弟，也是家康的叔父，他作为织田信忠军的一员据守二条御所。但之后人们得知，这通遇害的战报其实是误报，实际上忠重是二条御所的少数生还者之一。

六月八日

织田信澄于前日即六月五日，在大阪被织田信孝杀害。

在此，家忠等人收到信孝杀害了被怀疑加入光秀一方的信澄的消息。值得注意的是，在六月四日的日记中有"途中听闻信澄谋反，乃谣言耳"的记述。日记中虽并未明确记录是谁告知他这一消息的，但家忠肯定是从回来的家康一行中的某个人那里听说的。光秀、信澄在本能寺谋反的消息在前一日（三日）刚刚流出，才越过伊贺山地的家康一行为何能在四日就断言信澄没有参加谋反（乃谣言耳）呢？而且实际上直到六月五日织田信孝还在怀疑信澄参与了谋反，也因此杀死了信澄。

我们只能认为这是因为家康事先知道何人参与了谋反，也就是说家康与光秀在安土城会谈时，谋反参与者的名单中并没有信澄。

六月九日

收获消息，西阵暂时延期。水野宗兵卫藏于京都，现归返。

由于原本当于八日抵达的东三河众没来冈崎，所以本该向西进军的西阵行动被迫延期。这大概是为了暂时将兵力集中到用兵甲斐、信浓的东阵，所以才决定让西阵延迟的。这件事对于解读家康的行动有重要意义。另外，值得注意的是，就在此日，原本传说死于二条御所的水野宗兵卫忠重返回至家康的阵营。

至此，我们了解到，从家康于四日归来以后，就完全没让本应向西进军的西阵有所行动。很明显，家康眼中只有瓦解武田旧领的织田军这件事。如果家康打算加入为信长复仇而讨伐光秀的合战，那么甲斐、信浓的织田军就肯定是友军，家康就应该无视甲斐、信浓，而只将兵力集中在讨伐光秀的西阵就可以了。

命令西阵伺机而动，而主要在甲斐、信浓的织田领地展开行动，这件事本身就清楚地证明了家康以光秀为友军的事实。这是家康和光秀在安土城商谈时双方一起决定的由家康分担的责任。

延误军机的光秀援军

终于，从六月十日起，家康将行动的重心从东阵紧急转移至西阵，这一行动有更加重要的意义。让我们来继续看一下《家忠日记》。

六月十日

从酒井左卫门尉处传来十二日出征的消息。

前一天刚收到"暂时延期"消息的西阵又收到了"十二日出征"的消息。为什么会有这样前后矛盾的作战变更呢？其关键就在于，前一天即九日水野忠重从京都回到了冈崎，忠重带回了重要的情报。想来这个情报就是秀吉军队正在以出人意料的速度逼近京都。

水野忠重的情报可能并非偶然截获的消息。忠重之所以能从几乎无人生还的二条御所安全逃脱，之后还逃过了明智军逃亡者的追杀，或许就是因为忠重原本就是受命于家康、为了把握政局动向而跟在织田信忠身边的人，将此看作是光秀和家康事先商量好的事情也不足为奇。

接到这一消息，家康为了救援光秀急忙准备出动西阵。这就是为何西阵九日刚收到延期通知，到了第二天十日就又收到了出征通告。这是因为家康想让东阵的兵力与西阵会合，从而赶去援救光秀。

六月十一日

虽已派出工人，但因出征延至十四日，故复召回工人们。水野宗兵卫归返刈屋。

然而出征又被推迟了。当时虽说都是武将，但人人分工各异，松平家忠主要负责在军队前进时修补道路和桥梁等土木工程。这天他虽然已经派出了建筑工人，但因为有延期出征的命令，所以就又将工人召了回来。

前一天还命令十二日出征，第二天就改成推迟到十四日，这大概是因为了解到将东阵的兵力集中到冈崎花费了比意料中更多的时间，由此也可以想象东阵深入甲斐的程度了。

本能寺之变

由此我们还可以得知，十日这天将行动重心转移至西阵的决定有多么仓促，想必家康当时非常慌乱。此外，向家康汇报完的水野忠重这天就从家康那里回到了居城刈屋。

六月十二日
雨。

西阵没有展开行动并不是因为下雨，而是因为出征延期至十四日，不管天气如何，这天都在原地待命。

六月十三日
至冈崎，前往城中。

这应该是家忠为了商量预定好的十四日出征事宜，从而前往城中的。

六月十四日
出征尾张的鸣海。

西阵终于在十四日出发了。我们可以从后文二十一日的日记里了解到，此时西阵的军队中已经增编了东阵的兵力——因为负责东阵的远江、东三河军队正是在那天从西阵撤离的。

如上所述，尽管家康在听到水野忠重的紧急报告后马上决定出动西阵，但天不遂人意，将东阵兵力调往西阵颇费时日，因此于十四日才得以出征。可以想见，家康十分急于与光秀会合，这也许是因为他收到了光秀请求派遣援军的书信。

但是，就在家康为了援救光秀紧急出征的十四日的前一日（十三日），光秀已经在山崎合战中战败了。

如果家康没有深入东阵，而是如一开始计划的那样在五天前也就是六月九日就早早地命令西阵前进的话，山崎合战的结果应该会截然不同，之后的日本历史也将被彻底改写。想必光秀一定遗憾之极，而对于未能及时支援光秀的家康来说，这大概也是终生的憾事。

家康于十四日寄给美浓武将的书信被收录在《大日本史料》中。这是分别寄给吉村氏和高木氏、表示自己即将进攻京都而向二人请求支援的书信（《肥前吉村文书》、《高木文书》）。其中寄给吉村的书信中附有石川数正和本多忠胜的联署信，其中有"须讨伐明智的情由"的内容。有些研究者以此为证，认为家康出兵鸣海并不是为了支援光秀。

但是，考虑到家康为了不被信长的家臣阻挠而顺利上洛时将会如何陈述自己上洛目的这一问题，我们可以认为这句话是不足为据的。家康无论如何也不可能说是"为了支援光秀而上洛"，这是不言而喻的。

值得注意的移阵津岛

那么，家康接到光秀战败的消息以后是如何展开行动的呢？此后家康做出了用常识无法想象的惊人之举。

如果真如后来家康解释的那样，他此时的出征是为了讨伐光秀的话，那么其后失去目标的家康应该马上让西阵撤退才对。

然而家康采取的行动并非如此，让我们来继续看家忠的日记。

六月十五日

前往主营时，伊势神户（织田信雄）处传来了信孝等人在京都杀死光秀的紧急报告。

发生在前天（十三日）的山崎合战的报告终于传到了家康处，同时传来的还有光秀的死讯。但因为这是来自信雄的间接汇报，所以我想他们还未能掌握详细情况。

六月十六日

有指示称明日移阵至尾张津岛。

在这里我们需要关注家康发出的命令，这是让军队向西进发至尾张津岛的命令。

津岛距离京都比鸣海要近二十多公里，也就是说家康虽然获悉了光秀的死讯，但仍命西阵继续朝京都进军——如果家康军打算讨伐光秀的话，这就成了完全没有意义的行动。那这次进军又是为何呢？

明知光秀已死却依然向西进军，我只能认为家康是企图救出光秀余党后重整军队与秀吉一战，除此之外找不到其他进军的理由。家康正是为了履行与光秀缔结的盟约而准备征讨秀吉的。

六月十七日

酒井左卫门尉（忠次）的部下移阵至津岛。

遵从家康十六日的指示，酒井忠次的部队作为先遣部队进军至津岛。

六月十八日

空白

本能寺之变

一丝不苟的家忠难得没写日记。我认为这是因为家忠这天也进军到津岛，诸事繁忙所以没写日记的。可以看出这是相当仓促的大规模移阵行动。

六月十九日

秀吉一方说已平定近畿地区，所以请尽早撤军。从津岛撤退至鸣海。

秀吉的使者到来，传达了诸事已毕故请撤军的命令。家康估计从使者那里得知了十五日坂本城陷落以及处死斋藤利三的事。得知光秀军队已被瓦解，家康不得不放弃进军。可以想象秀吉撤军令的语气之严厉。没有办法，家康只能暂时退兵鸣海。

恐怕秀吉的使者在传令的同时，也就家康目前为止的行动进行了盘问。对此家康肯定拼命隐瞒了参与谋反的事实，并捏造了"穿越伊贺"的磨难，狡辩自己之所以进军至尾张的鸣海、津岛，是为了讨伐光秀。

至于被问到穴山梅雪的消息时，家康称他已被一揆杀害，家康无论如何也不可能说是自己杀了梅雪。想到使者带着这个消息回去报告给秀吉，再传到太田牛一耳中，也就能理解《信长公记》里为何记述梅雪是为一揆所杀害的了。

秀吉的使者完全没提及家康参与谋反等事，其原因之一就是被秀吉抓到的斋藤利三没有交代参与谋反者的名单。

得知利三没有招供的家康肯定放下了心，此时家康对利三怀有强烈的感恩之情，这才使得他后来选择了利三的女儿斋藤福（以后的春日局）作为自己孙子家光的乳母。

六月二十日

前去主营。

因为家忠一直在主营等待下一个命令，所以他也只有此事可写，而事实上这天还发生了后面将要讲述的重要会谈。

六月二十一日

家康、远江众、东三河众撤军。水野宗兵卫寄来书信。

最后，连同从东阵调来的远江、东三河的军队一起，家康撤回了西阵。这是因为家康考虑到挑战秀吉会暴露自己参与杀害信长一事，而且这样也没有胜算。家康抛下与光秀结盟的恩义，选择了夺取甲斐、信浓的实际利益，这对于战国武将而言是理所当然的决策。从这天起，家康再次向东阵进发，成功夺取甲斐、信浓。

然而，日记里提到的水野宗兵卫忠重寄给家忠的书信里到底写了什么内容呢？应该不是简单的军中慰问。忠重的书信里可能写着对于自己赌上性命从京都带回的情报却没派上用场的遗憾。

六月二十二日

回到深沟。

家忠对事实经过轻描淡写的记录就此结束。

以上引用的六月三日至二十二日的家忠日记，意外地揭露了家康支援光秀的行动。

山冈兄弟的诡异行动

《谱牒余录》是江户幕府搜集大名、幕臣等族谱编撰成的史料，成书于宽政十一年（一七九九）。贞享三年（一六八六），幕府为编撰《武德大成记》，命令诸家提交了家谱《贞享书上》，该书正是以此为基础编撰而成的。

书中记录了山冈美作守景隆的子孙为其所写的功勋谈。景隆就是《信长公记》里记载当光秀朝安土进发时，

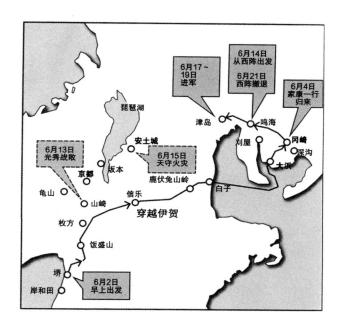

本能寺之变（6月2日）后家康的行动

"山冈兄弟烧毁了势田桥，并放火烧掉居城后逃往山中"
的山冈兄弟里的哥哥。

　　书中写道："家康试图穿越伊贺时，因为一揆堵塞了
道路，山冈兄弟从势田前往信乐，从那里起与家康同行至
伊贺边境的土岐峠，为他开路。"

　　从当时的状况出发来考虑，会发现这段记录着实
诡异。

　　本来山冈美作守景隆、山冈对马守景佐兄弟是侍奉织

田信长的近江武将，信长在天正十年五月二十九日上洛时，山冈对马守景佐的名字也作为被命令留守安土城二之丸①武将中的一员记录在《信长公记》里。

那景隆又为何会帮助家康逃亡呢？作为织田家臣，优先考虑的事本应是如何应对入侵安土城的光秀军队，而且，他又是如何得知家康一行人将经过信乐的呢？

《吴服屋由绪记》中记载，龟屋荣任也是在京都与家康家臣会合以后前往信乐的，随后与家康一行人会合。他们大概事先指定了将信乐作为集合场所并做好了沟通。

在《家忠日记》里有暗示这种可能性的内容，那就是与安土城的信使来往的记录。

五月二十四日，前往安土的信使回到深沟，传达了家康一行在二十一日从安土出发上洛的消息。这个信使是为了和安土方面取得联络而在十八日被派往安土的。家康果然准备周到。

二十六日，家忠收到了来自家康的直达书信。这应该是家康在朝堺市前进的途中，从京都附近寄出的信件。家康直接寄信给酒井忠次手下的家忠，是很难得的事情，但家忠只写了简短的记录："下雨，收到家康直达书信。"从他并

_____

① 日本古代城郭会将内部区域按功能划分区域，称作"曲轮"或"丸"。通常情况下最核心部分称为"本丸"，往外依次为"二之丸"、"三之丸"等。

没有写出书信的内容来看，信里面应该是极其重要的命令。

第二天二十七日的日记是空白的。二十八日记有一句简洁的话："信使已到达安土。""信使已到达安土"可以看作是与家康那封直达书信相对应的记录，因为家忠自己没有往安土派遣信使的理由。

他给安土的何人寄了怎样的书信呢？此时家康一行人早已不在安土。唯一的可能性就是给山冈兄弟转达在信乐与家康会合的消息。在十八日到二十四日期间派遣信使到安土的理由就在于此。他们派去的信使需要熟知安土地形，又认识山冈家的家臣。

还有一个值得关注山冈兄弟行动的理由。据德川家的官方记录《德川实纪》记载，山冈兄弟的妹妹是光秀嫡子光庆的未婚妻。因为他们与光秀有深厚的关系，所以也有可能受光秀所托护卫家康。

如此一来，山冈兄弟烧毁势田桥，妨碍光秀进军安土的行为又是怎么一回事呢？

仔细想想，坂本城的光秀军队并没有占领势田桥，这非常不可思议。坂本到势田的距离有十公里左右，远比安土到势田的距离近。山冈兄弟的行为与其说是妨碍，不如说是支援。

如果把此行动看作对光秀的支援的话，则有两种可能性。一种是未能在京都成功杀死信长、信忠时的保险之举。烧毁桥梁导致光秀无法迅速进入安土城，但是万一实际情况是信长或信忠从京都逃脱的话，毁桥之举也会成为他们逃回安土城的阻碍。从信长和信忠无一幸免来看，完全可以想象"计策谋略的高手"光秀会提前对这种级别的风险做好准备。

另一种可能就是为了避开与织田军发生遭遇战。据《信长公记》所写，在六月三日的未时（下午两点前后），蒲生贤秀带着信长的上臈众①和孩子离开安土城，逃往居城所在的日野谷。也就是说，二日那天还有军队留守在安土城中。光秀就此进攻安土城的话，则不可避免发生遭遇战。可能光秀军判断后决定避开冲突，于是让织田军迅速撤离安土城。

不管是哪种可能，面对桥梁烧毁，光秀并没有茫然失措。他回到坂本城，开始对付近江的织田势力，四日就把近江全境纳入自己的统治之下，五日兵不血刃进入安土城。势田桥的烧毁并没有对他造成实际的损害。

西班牙商人留下的证言

然而非常遗憾的是，并不存在能明确证明家康参与光

---

① 指高级女官。

秀谋反行动的史料。在之后德川政权二百六十年的持续统治下，不可能有这样的史料留传下来。但是，在德川幕府的权势鞭长莫及的地方，仍保留了明确记录此事的史料。

那就是西班牙商人阿维拉·希龙所写的《日本王国记》。

希龙于文禄三年（一五九四）来到日本，在九州进行了四年的贸易活动后，一度到东南亚各地旅行；后于庆长十二年（一六〇七）再次回到日本，在元和元年（一六一五）写成了《日本王国记》。

希龙在书中详细地记录了日本的文化、宗教，以及天文十八年（一五四九）以后的日本历史。其中与信长有关的记录，则是通过与信长有亲密往来的耶稣会传教士格雷戈里奥·德塞斯佩德斯得到的信息。但是，因为这是基于传闻的记录，所以欠缺作为历史事实的准确性。

然而，有人在彻底检查希龙的原稿后，指出了其错误并进行了订正。那个人就是于天正十八年（一五九〇）比希龙早四年来到日本并住在畿内的耶稣会士佩德罗·莫雷洪。莫雷洪指出了希龙记录里的所有错误，并加了四百处以上的注释。

因为德川幕府的禁教令，莫雷洪于庆长十九年（一六一四）被驱逐到马尼拉，他在元和二年（一六一六）去罗马时携带了此书。在去往罗马的漫长的航海期间，他对此书进行了彻底的校阅。正因为有了莫雷洪的这一工作，所以即使希龙写的内容错误百出，但作为史料依然具有很高的可信度。

书中是这样描写山崎合战前的状况的：

此时，光秀已经从自己的领地发出命令，让许多将士臣服于自己。并且，以家康为首的尚未臣服的其他人，也已经秘密地加入了明智一方。（佐久间正、会田由译，阿维拉·希龙著《日本王国记》）

希龙明言家康秘密地成了光秀的友军。话虽如此，但希龙本人未能就此事进行确认。这只是传教士们从当时的信教者那里听来的传闻。

我们当然无法仅以此记述就认定家康参与了谋反。但家康曾与光秀同谋一事，对于当时的人们来说并不突兀，这说明当时的人们认为完全存在这种可能，这就是当时世间的常识。可是和《老人杂话》里所写的几件事一样，不知在何时常识就发生了变化。

在安土城纵火的真凶

还有一件事能证明家康参与了光秀的谋反行动，那就是六月十五日的安土城天主阁被烧一事。

纵火犯是何人，至今依然是历史之谜。《惟任退治记》里明确记载，纵火犯就是守卫安土城的光秀的女婿明智秀满。但是，守卫安土城的秀满在十四日凌晨就从安土城撤退，十五日在坂本城自杀，而安土城起火是在十五日，秀满有明确的不在场证据。

也有人认为犯人是信长次男织田信雄，这是路易斯·弗洛伊斯在《一五八二年日本年报追加》里所写的。其内容如下：

> 听闻津国（摄津）战败于安土山（在山崎合战中败北），与明智同样立场的守将（秀满）丧失了勇气，急忙退往坂本，因为过于仓促没有烧掉安土城。
>
> 但是主为了不留下纪念信长繁盛的印迹，并未允许被敌人忽视的这座宏伟建筑就此留存。可能是由于智力不足吧，在附近的信长的一个儿子（信雄）不知为何命令点燃城中最高的主室，并且于室内纵火。

信雄被彻底当成了"傻子殿下"，但理应继承安土城的信长之子没理由自己纵火。

本能寺之变

　　弗洛伊斯是从哪里得到了这个消息的呢？信长死后，信长的次子信雄和三子信孝争夺织田家的继承权。信孝一方对耶稣会极为友好，所以弗洛伊斯在记述中也对信孝赞许有加。弗洛伊斯对人物做评价的标准就是看其对耶稣会的协助程度，由此看来，我认为他是为了偏袒信孝而写下了这些内容。或者也可能是某位切支丹大名因同样的理由厌恶信雄，向耶稣会的某人讲述了上述内容。不管是哪一种，信雄明显都是不可能纵火的。

　　而且还有一段时间流传火灾蔓延至城下町①的说法，但是近年对安土城遗迹的发掘调查确认了城下町并未起火，起火的只有天主阁。

　　像这样，安土城的纵火犯至今不能确定，安土城起火的真相完全被笼罩在迷雾中。但是，如果家康和光秀结盟且家康对光秀采取了支援的话，纵火犯的形象就立刻浮出水面了。

　　家康六月十日下令出征支援光秀，十四日到达尾张的鸣海，而且保持战斗状态直到十九日。那么家康为了支援光秀，仅仅采取了出征鸣海的军事行动吗？

　　此时明智秀满留守安土城，家康当然也与秀满联手了。我认为家康曾往安土城派遣了支援部队。

---

　　①　以领主居城为中心成立的都市，拥有商业、防卫和行政等功能。

能够证明此事的是奈良兴福寺多闻院院主的《多闻院日记》中十二日的记录，里面写道："秀吉来势汹汹已经到达摄津，家康也已布阵安土。"兴福寺与筒井顺庆有密切关系，我们知道在有关顺庆的消息方面，兴福寺的消息可信度很高。十二日时"家康也已布阵安土"的意思是家康在十日下达出征命令的同时就往安土派出了援军。

得知山崎合战战败的秀满在十四日把安土城交给了家康的援军后退往坂本。在那之后留在安土的家康援军做了什么，他们有可能空手回到鸣海吗？

说到安土城对于家康的意义，答案是不言而喻的。安土城是临近家康领地的强大军事据点，对家康来说除了是一个威胁之外别无他用，所以他应该无论如何都想阻止信长的继承人得到此城。毕竟家康此时正在和甲斐的织田军作战。

所以，家康肯定命令援军在放弃安土城的同时进行破坏。支援部队服从命令，在安土城天主阁纵火后撤退。

能证明这一推理的是，有一支我认为是真凶的部队，那就是服部半藏等伊贺忍者。《伊贺者由绪忸御阵御供书付》中写着穿越伊贺时护卫家康的伊贺忍者们在十五日聚于鸣海，被提拔为德川家的武士。而十五日那天，就是安土城天主阁起火之日。

本能寺之变

　　家康将能轻易调动的伊贺忍者派往安土，作为他们破坏安土城的奖赏，提拔他们为德川家的正式家臣，这也是某种封口之策。之后家康为了褒奖他们的功勋，以半藏的名字命名江户城后门的故事更是广为人知。

第11章
羽柴秀吉的企图

过于迅速的中国大返还

光秀通过利用信长谋杀家康的计划而成功谋反。但是，还有人进一步利用了光秀的谋反而将天下收入囊中，这个人就是羽柴秀吉。

秀吉甫一听闻本能寺之变的消息，就马上展开了"中国大返还"，其速度之快远超光秀的设想，从而导致光秀在秀吉面前迅速败亡。

让光秀的谋反瞬即破灭的这次大返还非比寻常，并为后世津津乐道。那么，这次大返还是如何得以成功的呢？

在本能寺之变的五天后，也就是六月七日，光秀在安土城接见了朝廷敕使吉田兼见。朝廷准备承认光秀所确立的政权，光秀事先做好的准备工作顺利地收获了成果，谋反正一步步走向成功。

本能寺之变

阿维拉·希龙的《日本王国记》里对于此时的状况做了如下记述："以家康为首的尚未臣服的其他人，也已经秘密地加入了明智一方。"以向希龙讲述此事的耶稣会众人为首，当时许多人都对此事抱有这样的认识。

然而，由于秀吉出人意料的中国大返还，状况突然发生了改变。

当初，筒井顺庆本已开始进行支援光秀的行动，若秀吉的劝诱到得稍晚一点，顺庆肯定已经与光秀合兵一处了。只要时间充裕，光秀盟军的力量就会不断壮大，谋反也就必定会成功，而秀吉的中国大返还搅乱了这一切。

《惟任退治记》如下记述了此次中国大返还：

扔备中表秀吉阵，六月三日夜半计，密有注进，秀吉闻之，心中愁伤虽无限，少色不出，（中略）高松城中志水兄弟，艺州加势主人三人切腹，杂兵扶命（之）杉原七郎左卫门尉为检使请取城，（中略）先拂毛利家之阵，秀吉心闲持成，六月六日未刻，引备中表，至备前国沼城，七日大雨疾风，凌数箇所大河洪水，至姬地，廿里许，其日着阵，诸卒随不相揃，九日立姬路，无昼夜之堺，不休人马息，至尼崎。

[六月三日半夜，备中秀吉的阵营里秘密传来紧急通报。秀吉闻之，心中虽感无限悲痛，脸上却不露

半点声色。（中略）高松城主志水兄弟、艺州加势之
主三人切腹，低级士兵受命帮忙处理其后事。杉原七
郎左卫门尉作为使者，前往接收城池。然后先请毛利
家军队撤返，秀吉神态悠闲地款待了他们。六月六日
未时（下午两点前后），率领备中部队，到达备前国
沼城。七日大雨疾风，渡过数处洪水泛滥的大河，行
约二十里①到达姬路，当日布阵。虽然其余部队尚未
全部到达，九日便从姬路出发，不分昼夜，人马不
息，到达尼崎。]

　　总而言之，书中记录秀吉接到本能寺之变的通报是三
日晚上，从备中高松撤退时是六日下午两点前后，他当天
到达沼城（冈山市），第二天七日到达姬路，从姬路出发
则是九日。中国大返还的定论中也包括六月四日城主清水
宗治切腹以及与毛利家的和谈的事情。

　　在此我有两个疑问。其一，秀吉有可能仅在七日一天
以内就行军二十里吗？其二，与陷入激战的毛利家的和谈
为何能够如此不费吹灰之力就完成了？

　　首先，让我们来分析第一个问题。他们花了四天走完
从姬路到山崎约一百公里的路程。也就是说，平均一天行

---

　　①　古代日本 1 里≈3.9 公里，此处即约 80 公里。

本能寺之变

军二十五公里。人的步行速度为一小时四公里左右，所以二十五公里需要花大约六小时。将此视为以装备齐全的步兵为主的军队的行军速度，应该比较妥当。然而，二十里即八十公里，计算可知需要花二十个小时。如果能做到不分昼夜、毫不停歇地行军的话，也许还有可能，可当天是"大雨疾风"。从常识来看，这是不可能的事情。

能证明此事的就是五日秀吉写给中川清秀的书信，信中写道："今日抵沼。"也就是说秀吉在六月五日就已到达沼城了，并非《惟任退治记》中所写的六日。沼城位于冈山县冈山市，距离备中高松约二十五公里。

另外，秀吉重臣杉若无心在六月八日写给细川藤孝家老①松井康之的书信里提道："与毛利的和谈以给出对秀吉有利的条件告终，六月六日主力部队回到姬路。"这也比《惟任退治记》里记述的七日早一天。

虽然有不少学者以"（秀吉一方）为使加入己方的友军认为己方正在迅速行动，而在书信中撒了谎"为理由解决这个问题。但情况也有可能反过来，其实是秀吉为了隐藏过早出发的事实而在《惟任退治记》中撒了谎，这可能是因为秀吉不想被别人怀疑他早就做好了撤退的准备。

---

① 大名的重臣，家臣之首，负责统管家中事务。

即将与光秀展开决战的军队，不可能把装备等物件全部抛下、身无一物地到达姬路。要说哪个是谎言，肯定是不合常理地在大风暴雨中一天急行八十公里的那个。

从备中高松到姬路约有一百公里，一般情况下要四天时间，再快也要花上三天。若六日到姬路，倒过来推算的话，秀吉最迟四日就要从备中高松出发——可以想象秀吉刚刚达成与毛利的和谈就立刻撤退了。也就是说，秀吉在此之前就已经做好了撤退的准备，为了隐瞒此事而写成的《惟任退治记》，则为捏造"中国大返还神迹说"出了一把力。

准备好的和谈

第二个疑问的答案就是秀吉事先就与毛利达成了和谈。《惟任退治记》中直接写着："备中备后伯耆出云石见以上五箇国渡进，添誓词出人质，可续御旗之由，再三申来。（毛利已经多次就让渡高松城及割让五国等事宜提出申请。）"事实上，毛利家传的《毛利家文书》里，留存着能证明此事的古文书（藤田达生著《本能寺之变的群像》）。

原本信长与毛利的关系并不差，双方的良好关系一直持续到天正四年（一五七六）的五月。由于毛利把被信长流放的足利义昭接到备后的鞆城，所以毛利与信长断交。在此之前，毛利曾多次向信长献上礼物，信长也给他们寄过对此表示感谢的书信。

替他们联络的中间人就是秀吉，秀吉也收到过毛利赠送的太刀和马等礼物。理所当然的，秀吉和毛利之间早已建立了良好的人际关系，而并不是人们一直以来认为的那种一触即发的紧张关系。

特别值得留意的是，毛利的外交僧安国寺惠琼的存在。

惠琼从元龟元年（一五七〇）前后就开始以毛利的外交僧这一身份活跃于外交场合，在元龟二年（一五七一）与信长也进行过谈判。另外，秀吉早在永禄十二年（一五六九）就成为织田与毛利交涉的中间人，秀吉和惠琼的关系最迟开始于元龟二年。这是本能寺之变十年以前的事情。之后，每次调解织田与毛利之间的事宜，两人的关系都会得以加深。

而且在天正十年（一五八二）本能寺之变的时候，毛利方主导和谈的是惠琼。毛利一方曾对让高松城主清水宗治切腹的要求表示为难，他们不愿意逼死曾是友方的人。

惠琼在六月四日进入因遭受水攻而孤立的高松城，说服清水宗治切腹。实际上，这是惠琼在未得到毛利许可的情况下独断专行的行动。由此，秀吉与毛利的和谈得以一举达成（河合正治著《安国寺惠琼》）。

因为此时的和谈条件仅对秀吉一方有利，所以天正十一年（一五八三）毛利提出了新的请求，由此，围绕领土割让问题的交涉再次开始，从而也就有了天正十二年春终于达成协议的后续故事。

从这一过程来看，秀吉难道不是先与惠琼共同谋划制造了随时能与毛利达成和谈的状态，再计算好故意让和谈陷入僵局的时机吗？和过冷状态的水受到一点刺激瞬间就结冰一样，秀吉准备了清水宗治的切腹作为催化剂，然后待时机来临，便让惠琼行动，从而一举实现和谈。

这就是让"中国大返还"得以实现的与毛利紧急和谈的背景，可以说秀吉早就与毛利达成了和谈的基本意向。以和谈为前提的毛利，即便知道了信长的死讯以后也丝毫没有追击秀吉军队的意思。

惠琼在第二年即天正十一年，成为秀吉的直系下属。秀吉也授予惠琼知行，予以重用。秀吉死后，在关原之战①中惠琼站队西军，和石田三成、小西行长一起被捕斩

---

① 1600 年 10 月发生于美浓国关原地区的一场著名战役。丰臣秀吉死后，丰臣家内部出现分裂。由于德川家康实力过大，威胁到丰臣家的统治地位，石田三成领导的西军与德川家康领导的东军之间爆发战争。西军战败，石田三成、小西行长、安国寺惠琼被斩首。德川家康取得了统治权，三年后成立德川幕府。

首。可以看出惠琼对秀吉的感情格外深厚。

为何惠琼会这么做呢？因为他本来就不是对毛利忠心耿耿的家臣，他是被毛利灭亡的安艺武田氏武田信重的遗子。当年幼小的惠琼被寄养于安国寺后入了佛门，俗话说"三岁看老"（三岁时的感情会延续到一百岁），也许惠琼一直虎视眈眈，在等待着牵制毛利的机会。

秀吉期待的光秀崛起

秀吉大概也是在虎视眈眈地等待着机会降临。

秀吉也知道信长的长期政权构想正逐步落实。秀吉可能已经料到早晚有一天自己的居城近江长浜城会被夺去，而自己将不得不侍奉信长的儿子们。也许秀吉也认真考虑过自己可能会被派往大明，被改封至那片土地。因此，大概秀吉也在寻找制止此事的机会。

另外，秀吉当然也知道四国的情势急转直下，与长宗我部结盟的光秀已走投无路。然而，秀吉选择帮助与长宗我部元亲对立的三好康长，并参与策划了信长四国政策的调整。秀吉让光秀陷入绝境，并留心观察光秀会如何行动。

可以说秀吉为了粉碎信长的长期政权构想，等待着光秀的崛起。

今天，我们对秀吉有一种他是信长政权继承人的印象，这其实是《太阁记》塑造出来的形象。在《太阁记》中，秀吉对信长尽忠并在复仇合战中为信长报仇；然而实际上，秀吉并不是信长的继承人，而是一个篡位者。

其证据就是，秀吉在本能寺之变的第二年，即天正十一年（一五八三）四月消灭了打算让织田信孝继承政权的柴田胜家[①]，又在五月逼迫信孝自杀。隔年的天正十二年，秀吉与织田信雄、德川家康作战（小牧长久手之战），让信雄臣服于自己并夺取了天下，最后还把信雄降为自己的御伽众。

本能寺之变后的清洲会议[②]上，秀吉推举织田信忠的嫡子三法师作为织田家家督的继承者，后来却让三法师改名为秀信并将其收为家臣。秀吉还把信长的弟弟信包、长益，连同信长的儿子信秀、信贞、信好等织田一族全部收为家臣。其后，就如大家所知道的那样，他又把信长的侄女茶茶（淀君）收为侧室。

---

① 柴田胜家（1522？—1583），日本战国时代到安土桃山时代的武将，大名，尾张织田家谱代重臣、信长家臣之首。本能寺之变后与秀吉对立，后于贱岳之战中败给秀吉，遂自杀。

② 亦称"清须会议"，是 1582 年织田家各方为了决定本能寺之变后织田氏的继承问题以及织田氏所属领地、权力的再分配问题，在尾张清洲城召开的会议。

本能寺之变

掌握了政权的秀吉，与所有曾和信长敌对的各方势力如足利义昭、毛利氏、上杉氏等进行和谈，与之成为盟友。这些人原本并未把秀吉看作信长政权的继承人。

就这样，秀吉从织田家夺取了政权，完全粉碎了信长描绘的建立织田家长期政权的构想。在这场对织田政权的篡夺行动中，《惟任退治记》发挥了很重要的作用。这部书不但塑造了秀吉是信长后继者这一形象，还否定了织田家内部的政权继承。为此，秀吉还刻意捏造了信长淫乱且残忍的形象。通过这些事情，秀吉制造了信长欠缺掌握政权能力的失格权力者形象，试图否定织田家政权继承的正当性。

天正元年十二月，毛利的外交僧安国寺惠琼所写的那封著名的书信预告了信长的灭亡。

> 信长的世代还能持续三五年，明年还可从公家处得到位阶，然而登高者必摔重。

惠琼预言信长五年左右就会迅速灭亡。

这封书信是秀吉和义昭与惠琼交涉关于被逐出京都的足利义昭的待遇问题后所写的。惠琼不可能毫无根据地预言信长的未来，他肯定是从秀吉那里得到了启示性的消息。

秀吉大概是向惠琼泄露了信长有在几年内灭亡的可能。秀吉非常清楚，信长成功的原因之一就在于他实行了与其他武将不同的政策，比如以实用主义为标准任用像自己这样的家臣。但是，秀吉也预见到这样的政策终将导致不够忠心的家臣势力抬头，并会进一步衍生出家臣间的相互倾轧，最后可能导致重臣谋反。实际上，正如秀吉所预想的那样，四年后的松永久秀、五年后的荒木村重就发动了谋反。

惠琼参与的这一交涉的意图是想让义昭返回京都。义昭在要求信长交出其儿子作为人质的问题上不肯退让，所以最后交涉失败。在说服义昭不要执拗于人质时，秀吉大概说了"信长不久就会灭亡，之后将由自己接班，所以请托付给我"之类的话。

就这样，在本能寺之变将近十年以前，秀吉就已经预想到会有人谋反。从某一时刻开始，他就认定光秀就是那个能让信长从高台跌落的关键人物。秀吉为了夺取天下切实地做着准备，而其首先要做的就是帮助与长宗我部氏敌对的三好氏。也正是这一行动最终导致了天正九年（一五八一）长宗我部和信长的对立。此事也是让光秀走投无路，只能选择谋反的原因之一。这大概也是秀吉创作出的剧本之一。

谜一般的"杉原殿"

秀吉不仅预测到光秀最终会背叛信长，而且有证据表明，他还预知了本能寺之变的爆发。

能证明此事的就是本愿寺显如的文书宇野主水所写的《宇野主水日记》。

根据《宇野主水日记》的记述，在本能寺之变的前一日六月一日，信长派了"长谷川竹"、信忠派了"杉原殿"与结束了在京都的停留、准备进入堺市的家康一行同行。

然而，对比《信长公记》中所写，长谷川竹在本能寺之变后一直与家康同行到三河，但"杉原殿"消失在所有的史料中。这个从家康一行的身边突然消失、如谜一般的人物"杉原殿"到底是谁呢？

《宇野主水日记》的编者在注释中称"杉原殿"即杉原家次。在《惟任退治记》里杉原家次作为秀吉的家臣活跃于进攻备中冠城的战役中，书中还写到在本能寺之变的第二天即六月三日夜里，杉原家次在备中高松促成了秀吉与毛利的和谈。

秀吉应该是为了掌握家康上洛的时间，才让杉原家次与家康同行的。

　　为何秀吉特地安排杉原家次与家康同行呢？我们只能猜想秀吉已经知道了家康为见信长的上洛之日就是本能寺之变的爆发之日。

　　果然，杉原家次在六月二日早上，一确认家康即将上洛就离开了家康，从堺市出发奔往秀吉处紧急通报。《惟任退治记》里写着："六月三日夜半计，密有注进。（六月三日半夜，备中秀吉的阵营里秘密传来紧急通报。）"虽然没有明确写出报信之人的姓名，但家次肯定是可以最早前来通报的人。从堺市出发的话，要比从京都出发到备中高松近，而且家康的出发时间应该比本能寺之变爆发的时间早。

　　也有学者认为"杉原殿"不是杉原家次，其理由是六月三日晚上家次在备中高松，不可能六月一日还在堺市。但是，在三河深沟的松平家忠收到从京都传来的本能寺之变的消息是三日下午六点前后，所以早上从堺市出发的家次在六月三日夜里身在备中高松当然也是有可能的。堺市至备中高松的距离只比京都到深沟之间的距离稍远一点。

　　杉原家次是秀吉妻子宁的叔父，他本来也是织田家的家臣，我认为正是秀吉将杉原家次派去成为信忠家臣的。

　　本能寺之变后杉原家次成了丹波福知山的领主，再后来又领有坂本，还兼任京都所司代①。这都是因当时不能对外公开的功绩而得到的奖赏，所以秀吉才故意在《惟任退治记》里写了两次家次活跃的场景，作为赐予恩赏的理由。大约是受了秀吉这一记述的影响，谁都没有在记录中写下有关"杉原殿"的事情。"杉原殿"这个谜一般的人物就这样被忘却至今。

那么秀吉又是从何人处得知家康与信长见面的上洛之日就是谋反之日这一消息的呢？

由此推断，把这个消息泄露给秀吉的人，就是已经知道信长把家康叫到本能寺来的那天就是谋反发生之日但还不清楚准确日期的人。

满足此条件的只有一个人，那就是细川藤孝。

藤孝参与了光秀与家康的会谈，大体上知道谋反的计划，但是，正如他没有把日期告诉表兄弟吉田兼见那样，此时他还不知道计划实施的准确日期。

在信长进攻家康领地的计划中，也有对藤孝的嫡子细川忠兴的出征指示。此事可以由忠兴也被信长命令与光秀同行前往进攻武田得以确认，所以，事变发生前，忠兴应该也收到了信长发出的六月二日的上洛命令。然而，六月二日忠兴停留在领国丹后，并没有记录显示他像筒井顺庆

---

① 所司（头人）的代官，负责京都治安。

那样曾出发上洛。也就是说，忠兴完全无视了信长的命令，这同时也意味着，他没有追随利用信长的命令意图谋反的光秀。

虽然藤孝、忠兴父子作为谋反的参与者知道光秀将在本能寺发动叛乱，但在事先就做好了不参与谋反的决定。

他们在本能寺之变爆发前就已经决定背叛光秀，之所以这么做，是因为藤孝和秀吉缔结了新的同盟。因此，藤孝把自己知道的信息泄露给了秀吉。

破格的论功行赏

秀吉授意写成的《惟任退治记》意外地证实了藤孝背叛光秀并把消息泄露给了秀吉这件事。

> 长冈兵部大辅藤孝，年来蒙将军之御恩事不浅，依之不与惟任一味，与秀吉合心，备中表遣飞脚，尔来酬来江州浓州尾州。
>
> [长冈兵部大辅藤孝，近年来承蒙将军（信长）御恩不浅，因此并未参与惟任一方，而与秀吉齐心，派遣信使至备中。尔后，他途经江州、浓州、尾州（近江、美浓、尾张），率军前去与秀吉会合。]

本能寺之变

藤孝没有加入光秀一方，而是向秀吉倒戈并往备中派遣信使。虽然没有明确写出派遣信使是在本能寺之变之前还是之后，但是不管怎样，在秀吉身处备中这个极其微妙的时间点，藤孝背叛光秀，向秀吉倒戈了。藤孝背叛的理由被说成是承蒙信长的恩情，这是多么容易被世人接受的表述，这更加强化了光秀不义逆臣的形象。

也有说法称在很早以前，秀吉与藤孝之间就已经有了联络。藤田达生的《本能寺之变的群像》里记述了证明此种观点的事件。

其一，是前面介绍过的六月八日秀吉重臣杉若无心写给藤孝家老松井康之的书信。其主要内容是"六月六日主力部队回到姬路"。一般认为，这并非他们之间唯一一次书信联络，而是二人多次通信中的一次而已。既然如此，也就是说六月二日以前二人肯定已经有过联络。

其二，则是秀吉同母异父的弟弟羽柴秀长写给丹波天田郡的夜久氏的书信。秀长得到了夜久氏的协助，确保了从备中高松的阵地到秀吉居城近江长浜城的路线，因此秀吉的家臣得以往来其间。藤田推测此路线是从高松到姬路，再从姬路北上经过但马竹田，在和田山右拐，途径但马、丹波国边境附近的夜久氏的根据地夜久野地域后，再经过丹波福知山、龟山，然后到京都。

此路线途中的福知山距离藤孝居城丹后宫津仅有三四

十公里的距离，宫津在当时也有许多前往天桥立①的旅行者，从姬路出发的道路应该也得到了修缮。也就是说，以福知山为中转站，连接丹后的藤孝和备中高松的秀吉的路线早已形成。

还有秀吉自己撰写的文件，明确了秀吉和藤孝之间的关系。

这一文件就是在山崎合战结束后，秀吉于七月一日写给藤孝父子的起请文，里面写着如下内容：

> 此次逢信长之意外，尔等持无人可比之觉悟，实属可靠。特精诚起誓，今后无论公私均开诚布公，绝不弃离。

起请文是向神佛发誓坚守约定的文书。在这封起请文中，秀吉特别感谢了藤孝的协助，并全面保证了他今后的人身安全。从书面语气的强烈程度来看，这种感谢不仅仅是因为藤孝在山崎合战中没有加入光秀一方这么简单，其中更包含了秀吉远超于此的深厚感激之情。我们可以猜想，细川藤孝"无人可比之觉悟"应该是指本能寺之变发生之前，藤孝就已经加入秀吉一方这件事。

---

① 日本著名景点，与松岛、宫岛合称"日本三景"。

本能寺之变

秀吉给予细川藤孝的丰厚赏赐和厚待正说明了藤孝的重要贡献。秀吉赐予了藤孝光秀旧领地丹波，加封了十一万石①的领地。

不仅如此，与藤孝相关的人员也都得到了恩赦。

光秀势力灭亡之后的六月十四日，织田信孝派使者来到藤孝的表兄弟吉田兼见处，盘问有关光秀进贡给朝廷等处银两的事情。但是，兼见向秀吉发出请求以后马上就被免除了罪责。

之后，兼见还和在信长时代一样，继续负责秀吉与朝廷间的交涉工作。秀吉还用了很大力度庇护兼见的吉田神道②。

而且，兼见的内兄、光秀的家臣佐竹出羽守也在山崎合战之后马上被赦免，之后随侍丹羽长秀。

著名的迦罗奢夫人、细川忠兴的妻子玉是光秀的女儿，她只被惩罚幽禁在丹后的味土野，且后来得到赦免，两年后就开始在大阪城下忠兴的家中居住。在光秀其他族人被彻底搜索，一经发现就立刻铲除的情况下，对她的处置可以说是很不同寻常的。

---

① 丰臣秀吉实行检地以后，日本用"石"来计量一定面积土地的米生产力，称作"石高制"。大名与武士的领地与收入亦用"石高"来表示。
② 神道教的一个流派，兴起于京都吉田神社。

玉在天正十五年（一五八七）接受了基督教的洗礼，并被授予了迦罗奢的洗礼名。她皈依基督教是在搬到大阪之后，因为丈夫和公公背叛光秀，她的心灵受到了很大的伤害，于是向基督教寻求救赎。

藤孝从秀吉那里得到了如此多的奖赏与厚待。与此相较，同为光秀组下大名但也没有帮助光秀的筒井顺庆，所受到的对待就有天壤之别，顺庆的领地完全没有增加。这可能就是所谓"助我得天下"与无作为之间的差别。

细川藤孝的决断

秀吉加封藤孝丹波十一万石领地，特别命令其中的三分之一赐封给家老松井康之。向不过是藤孝家臣的松井康之直接赐予奖赏一事非比寻常，为什么秀吉会对康之有如此不同寻常的恩赐呢？

在那之后，秀吉也对康之另眼相看。秀吉于天正十三年（一五八五）颁给康之及其母亲知行，天正十四年还赐予其丰臣姓氏和菊桐家纹；然后，又在文禄二年（一五九三），加封康之石见半国十八万石领地，并任命康之为自己的直属家臣。

这非比寻常的破格赏赐肯定是秀吉对于"助我得天下"的回报。也就是说，在细川家松井康之为推动藤孝

本能寺之变

"无人可比之觉悟"起到了特别作用。让我来推断一下内里情由。

秀吉曾不断地拉拢与己对峙的敌方重臣。从毛利那里拉拢了负责外交的安国寺惠琼，后来又让家康的谱代重臣石川数正倒戈，而对细川家大概就是看准了松井康之并将其拉拢过来了。

秀吉和松井康之至少在本能寺之变的四年以前就有了联系。天正六年（一五七八），秀吉攻打播磨①的时候，康之曾前往增援。而且事变的前一年，秀吉在天正九年（一五八一）七月起发起对鸟取城的进攻，康之也参与其中。同年十月鸟取城被攻陷，秀吉承认了康之的军功并予以赞赏。就在此时，秀吉和康之之间建立了深厚的关系。

而且，在天正十年五月十四日到十七日之间，家康和光秀在安土城进行会谈。参与了此次会谈的藤孝应该向家老松井康之询问了应对之策，此时康之应该是强烈主张藤孝抛弃光秀选择秀吉。或者，康之向秀吉泄露了谋反的消息，让被秀吉劝诱的藤孝陷入进退两难的局面，终于不得已放弃了光秀。

以松井康之为首的细川家众人，从很久前就对光秀的晋升抱有复杂的心情。光秀之前侍奉过藤孝。比自己身份

---

①　日本古代令制国之一，约为今兵库县西南部。

还要低的光秀夺取天下后，藤孝身居其下，这种感觉应该不太好受。细川家共同决定，选择把命运赌在秀吉而非光秀的身上。

江村专斋也曾提及此事。在《老人杂话》中，"光秀一开始是藤孝的家臣"的记述后面写着"光秀耐不住家老米田是政的恶劣对待转而侍奉信长"。元禄九年（一六九六），肥前平户藩主松浦镇信编撰的《武功杂记》中也写道："明智虽然曾是细川藤孝的家臣，但因为被家老松井康之厌恶转而侍奉信长。"由此看来，当时流传着这样共通的说法。

细川家众人选择了秀吉，再加上秀吉知道了光秀的谋反计划，光秀的谋反也就失去了胜算。事已至此，藤孝在最后理智地做出了判断。

正如信长没能看穿自己信赖的光秀会背叛自己一样，光秀也没能看穿自己信任的盟友藤孝的倒戈。正因为曾经有过主从关系，又共同在义昭、信长的手下奋战，而且还是姻亲，所以光秀对于藤孝父子是彻底信任的，他肯定想不到藤孝居然会背叛自己。

不管怎样，藤孝与秀吉联手了。细川家做出这一决断是在本能寺之变以前，最具说服力的证据就是细川忠兴违背了信长进攻德川领地的出征命令（以及利用其计划的光秀的谋反行动），而并没有于六月二日上洛这件事。

秀吉巧妙的信息操纵能力

在秀吉卓越的才能中，与拉拢对方家臣的能力并列的是其出色的信息操纵能力。他很早就命人写下的宣传书《惟任退治记》就是如此。此外，他还在政治策略或军事作战中巧妙地运用了信息操纵的手段。

比如在本能寺之变发生之后，秀吉为了让摄津的中川清秀加入己方，在六月五日寄出了声称"信长和信忠都活着，自己正在赶回高松的途中，已经在撤退返回"的书信。所谓"信长和信忠都活着"，当然是谎言。兵法中为了达成目的制造虚假消息也是情理之中的。

可以看作是秀吉进行信息操纵的记录还有不少。

本能寺之变当天泄露给正在奔赴本能寺的筒井顺庆的消息也是其中之一。《多闻院日记》里记录了如下内容：

> 顺庆今天早上上洛途中，因为听说信长突然为了出征中国地区而回到了安土城，所以撤退了。

也就是说，顺庆因为听信了信长从京都本能寺回到安土城这一虚假消息，没有前去与正在本能寺等候的光秀会合，而是回到了居城大和郡山。大概顺庆以为是信长的计划突然发生了变化。

其结果就是光秀失去了和顺庆在本能寺会合的机会。如果顺庆就此上洛，被杀死了信长的光秀说服，加入其谋反行动并接受光秀的作战指示的话，顺庆应该不会叛离光秀。这个虚假消息明显为秀吉创造了有利条件。

《多闻院日记》里写着"信长突然为了出征中国地区而回到了安土城"。仔细想想，这个消息十分古怪。明明是信长自己说上洛是为了出征中国地区的，而此时信长又称为了出征中国地区而回到了安土城。向顺庆泄露此消息的人，很明显是以"信长上洛的真实目的其实并不是为了出征中国地区"为前提的。也就是说，这是知道信长上洛真正目的（除掉家康）的人散布的虚假消息。

这个人只有可能是细川藤孝，或者是从藤孝处得到消息的秀吉。

另外，我认为本能寺之变的第二天，各方同时流传出来的"织田信澄谋反"这一虚假消息的制造者也是秀吉。

据之前介绍的《家忠日记》所写，本能寺之变的第二天"织田信澄谋反"的消息已经传到了三河。奈良兴福寺多闻院院主所写的《多闻院日记》六月二日的记述里也写着"光秀和信澄谋反"。毛利辉元也在六日的书信中提到光秀、信澄、柴田胜家谋反。因为织田信孝已经于五日在大阪袭击并杀掉信澄，所以在三河、奈良、大阪、中国地区都同时流传着信澄谋反的消息。

信澄的父亲（信长的亲弟弟信胜）被信长杀害，加之他的正室是光秀的女儿——虽然信澄确实具有帮助光秀的嫌疑，但就在光秀谋反后各地立刻同时流传着同样消息的背后，肯定存在有组织的消息操纵。

这大概也是秀吉为了促使信澄被杀而故意传播的虚假消息。在《多闻院日记》六月五日的记述中，织田信澄被称为"超群的卓越人物"。对于秀吉来说，不论信澄是否会成为光秀的同伙，对于自己夺取天下来说，无疑都是一个障碍。

三方对秘密的封印

对于在山崎合战中灭掉光秀、一鸣惊人而最有可能坐上信长宝座的秀吉来说，首要任务就是取得各位将领的支持。

为此采取的手段之一，就是冻结信长的长期政权构想。各位将领都对信长的构想心怀不安，担心自己被改封至远国，再被强加以更加牢固的君臣关系。这种担心也是导致织田家诸将在山崎合战后，离开了试图推动织田家政权继承的老将柴田胜家，聚集至新兴的秀吉一方的一个原因。

当然，细川藤孝也因信长的政策而产生危机感。也正因此，当光秀告知自己决定谋反时，藤孝没有通知信长，而把命运赌在了秀吉一方。另外，被藤孝告知光秀谋反的秀吉，也没有向信长通报此事，而是一边等待光秀实施谋反，一边展开自己的行动。

在这种背景下，秀吉正式发表了《惟任退治记》。

首先，此书在特别加强了人们对于信长残忍且淫乱的印象的基础上，又明确表示本能寺之变是由于光秀个人的野心和怨恨而进行的单独犯罪行为。然后，通过把罪名安在光秀一人头上，公开表示一律不追究其他相关诸将的责任。这也是秀吉为了统一天下，向诸将发出的使其站队己方的信息。

秀吉早就知道了信长除掉家康的计划，也知道家康参与了光秀的谋反，还清楚长宗我部元亲与光秀的关系。但是，他把这一切都封印了。为此，秀吉还刻意把信长为了除掉家康而出征武田的事情伪装成了"参观富士山"，还虚构了明智秀满火烧安土城的故事。

通过书中的这些记录，秀吉对外表明自己不追究家康参与谋反，擅自夺取甲斐、信浓的织田领地，以及烧毁安土城的事情——谁都无法追究家康夺取织田领地罪名的理由就在于此。

而且秀吉还为和光秀并列作为谋反主犯的斋藤利三做

了洗清污名的记述，大概秀吉是想通过此事表明自己没有追究和利三亲近的长宗我部元亲的意思。

秀吉在《惟任退治记》里写了如下内容：

> 扨斋藤内藏利三，惟任不讨事不知之，坚田边赖知音蛰居之处，方便搦捕来，寔天运之尽处也，惜哉，利三平生所嗜，非啻武艺，外专五常会朋友，内翫花月，学诗歌，今何为逢此难，遗恨尤深……其后渡洛中，惟任首亦续体，于栗田口两人共举机。
>
> （斋藤利三不知道光秀之死，在近江的坚田依靠相识隐藏自己，但因被骗而被捕。利三不仅武艺高强，还富有仁智礼义信，真是非常可惜。为什么非要遭此劫难呢？他被装在车上运往京都游街后受刑，还在京都栗田口与首级和身体被缝起来的光秀尸体一起受到磔刑。）

惋惜利三这一人物的记述占了不少篇幅，在此按下不表，书中还引用了曾因莫须有的罪名被治罪的中国的公冶长以及曾我兄弟的例子来说明利三被捕并不可耻。秀吉特别高度评价斋藤利三正是为了夺取天下而让长宗我部元亲成为自己的友方。

以上种种，导致了信长长期政权的构想和征讨长宗我部一事被掩盖，进而被忘却。而光秀则成了以"统治天下"（あめが下しる）而把自己夺取天下的野心咏入了《爱宕百韵》发句的人。

另外，还有一件很重要的事情。

细川家不仅受到秀吉破格的厚待，被秀吉赦免了细川家所有与光秀有关系的人，而且还受到了德川家康的厚待。到了德川时代，细川忠兴被改封小仓三十九万九千石，其子忠利一代更是成为肥后熊本五十四万石的大大名。另外，藤孝的表兄弟吉田兼见和其兄弟也受到了家康的礼遇。

吉田神道受到了秀吉的庇护，而兼见在创立祭祀秀吉的丰国神社一事上起了重要作用。兼见的弟弟梵舜成为丰国神社的别当（寺院事务的管理人）。丰臣家灭亡后，丰国神社虽然因家康之命而被废弃，但是兼见和梵舜都没有因此被家康疏远，吉田神道反而在家康的庇护下越来越繁盛。

兼见死后，吉田神道的继承者梵舜格外受到家康重用。家康命令把废除的丰国神社的财产赐给梵舜，还留遗言命令梵舜负责自己在久能山的埋葬仪式。在历史研究中，家康对梵舜的重用甚至被认为是一个谜。

从这些历史上的事实关系中，我们可以发现在秀吉、家康、藤孝之间存在某种明显的联系，可以认为三方共同保有各自的秘密。我认为他们之间可能存在通过掩盖这些秘密来守护三方利益之类的协议。

参与了光秀谋反的家康，参与了谋反却又背叛光秀的藤孝，明知光秀谋反却不通报给信长反而还利用谋反的秀吉，这些各自怀有秘密的人大概曾悄悄地缔结过保密协议。

实际上，我们能够推测出他们三人缔结保密协议的日期和场所，那就是六月二十日的尾张清洲城。

传闻当天秀吉为了制服光秀在近江、美浓、尾张的势力，进入了清洲城。因为《惟任退治记》里记述细川藤孝也参与了此次行动，所以他应该是与秀吉共同行动的。另一方面，《家忠日记》里写着家康军队在十九日从津岛撤退至鸣海，次日即二十日在鸣海原地待命了一整天。清洲城位于津岛到鸣海街道的途中。十九日秀吉派去向家康传达撤军命令的使者，也向家康传达了来清洲城会面的命令。

就这样，三人得以于二十日在清洲城秘密会见，作为不与秀吉敌对的条件，秀吉承认家康对甲斐、信浓的占领。然后，三人决定对本能寺之变的真相采取"不看、不说、不听"的态度。

这样想的话，二十七日在清洲城举行的秀吉和织田信雄、信孝等决定战后处置的清洲会议上，大家默认家康篡夺甲斐、信浓的理由也就很清楚了。事实只有一种可能，那就是家康早就与秀吉、藤孝缔结了密约。

　　他们三人共有的秘密里藏着只要弄明白某一处真相，就会有拔出萝卜带出泥的危险。而且，预防这种危险的关键词就是"谋反的动机是光秀个人的野心以及怨恨"和"这是光秀的单独犯罪"。

　　秀吉、家康、藤孝三人，通过将罪行都推到光秀身上，封印了所有的秘密。

第四部

未能实现的两个祈愿

第 12 章
祈愿"如今在雨下，时逢五月天"

明智氏的土岐复兴

五月二十四日，光秀在爱宕山举行连歌会，祈祷谋反成功。

　　发句　如今在雨下，时逢五月天（時は今あめが下なる五月かな）　光秀

　　举句　各国更为安宁时（国々は猶のどかなるとき）　光庆

发句中寄托了"拯救一族"的祈愿，而举句里则蕴含着对"和平时代到来"的祈祷。但是，因为谋反失败，

光秀的两个祈愿都没有实现。

然而，光秀为之奋斗的"明智氏的土岐复兴"经由德川家康之手实现了。

家康的家臣中有一位叫菅沼定政的人。定政是土岐明智一族之人，天文二十年（一五五一）生于美浓。天文二十一年（一五五二），定政的父亲明智定名在斋藤道三驱逐美浓守护土岐赖艺的战斗中战死。当时两岁的定政逃到了三河，然后成为其舅舅菅沼定仙的养子，十四岁时侍奉家康，改名菅沼藤藏，成为家康的近侍。定政曾活跃于姊川合战、小牧长久手之战、小田原征伐等战役中，声名远扬。在文禄二年（一五九三），定政受命恢复土岐旧姓，自称土岐山城守（《宽永诸家系图传》）。

家康让定政复兴土岐明智氏的同时，让其以土岐为姓，而非明智。这不光意味着土岐明智氏的复兴，还意味着明智氏继承了土岐氏的正统。正如在《爱宕百韵》的第三"截断落花池中流"（花落つる池の流をせきとめて）中绍巴激励光秀的那样，"明智氏取代池田氏、继承土岐氏首领之位"成了现实。

之后，定政的子孙成为上野国沼田藩主，一直延续到明治时代，又被明治政府列为华族①。直到现在，土岐明

---

① 明治维新后至《日本国宪法》颁布期间存在的日本贵族阶层。

智氏也没有灭亡，而是以"土岐"自称延续了下来。

上野沼田藩土岐家的族谱作为"土岐族谱"被收录于幕府从宽永十八年（一六四一）到宽永二十年编撰的《宽永诸家系图传》中。据书中记载，明智氏的先祖是初代美浓守护土岐赖贞之子赖基。赖基之子赖重因为住在明智之乡，所以以明智为号。从赖基算起，定政是第十二代。下图是节选出来的族谱。

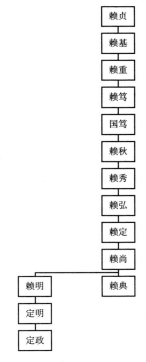

《宽永诸家系图传》土岐族谱

此族谱是定政之孙土岐赖行任出羽上山藩主时所制。之后，沼田藩土岐家续写族谱，于宽政年间（一七八九～一八〇一）编撰了《宽政重修诸家谱》，于幕末明治初期编撰了《系图纂要》。以上文书可说是土岐明智氏最具权威性且可信度非常高的族谱。

遗憾的是，此族谱中并未涉及光秀。假如定政与光秀有极其亲近关系的话，也许家康早已通过定政的关系与光秀一方联手。《石川忠总留书》的记述中，陪同家康穿越伊贺的重臣里就有菅沼藤藏的名字。

另外，土岐明智氏的族谱中还有一个与《宽永诸家系图传》的"土岐族谱"齐名的可信度很高的族谱，那就是《尊卑分脉》的"明智族谱"。《尊卑分脉》完成于南北朝时代至室町时代初期，编撰者是公家洞院公定，其主要部分是于永和三年（一三七七）到应永二年（一三九五）间编撰的。公定死后，《尊卑分脉》由洞院家负责编辑、改写、订正、增补。可以说，这不是以粉饰自己或是一族出身为目而编撰的族谱，因为是由第三者所作，所以可信度很高。

这个"明智族谱"与《宽永诸家系图传》一样由赖基开始，但中间从赖秀以后就是完全不同的分支了。

对于此族谱中记载的政宣，我们可以用别的史料证实他的存在。在足利幕府官员名册的番帐和公家三条西实隆所写的《实隆日记》，以及连歌记录《连歌总名录》里都有政宣

以及被认为是其父的玄宣的名字。目前还无法确定此族谱中
政宣的父亲光高和玄宣是不是同一人，也存在玄宣是光高兄
弟这种可能。据《实隆日记》记载，赖宣曾短暂改名为赖
连，后再改名为玄宣，所以光高有可能是他年轻时候的名字。
不论如何，此分支就是后来成为幕府奉公众的土岐明智氏。
所以土岐明智氏有定居美浓的定政和幕府奉公众两个分支。

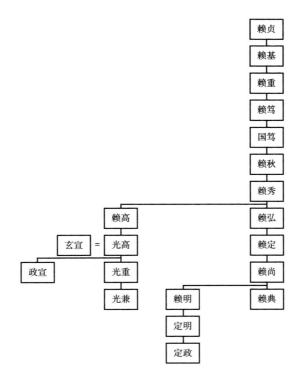

合成的土岐明智关系图

将两个分支合起来的土岐明智族谱的某处应该是与光秀相连的。从光秀侍奉过将军身边的细川藤孝，具有连歌教养，以及名字里有"光"字几点来看，我认为他很可能属于幕府奉公众的分支。

春日局的破格提拔

家康为光秀实现的愿望不仅是土岐氏的复兴，他还让光秀的左右手斋藤利三的女儿福（后来的春日局）担任孙子竹千代（后来的家光）的乳母，并重用了她。竹千代的母亲阿江是织田信长的妹妹阿市的女儿，所以对于阿江来说，这等于是仇人的女儿成了自己孩子的乳母。

虽说福是乳母，但她并不负责哺乳，而是负责教育。福的任用是在家康开幕府的第二年即庆长九年（一六〇四），那时的家康大概已经不再忌惮任何人了。即便如此，起用仇人的女儿作为负责教育未来将军的乳母还是非比寻常的人事安排。后来，福受朝廷赐封号为春日局，在大奥①内呼风唤雨。

得到提拔的还不只是福，福的兄弟，也就是利三的儿

---

① 德川幕府将军的生母、子女、妻室以及各女官的住处。

子佐渡守（三子）、三存（五子）都被提拔为幕府旗本①。福的长子正胜受封小田原城主八万五千石的领地，在福作为乳母被任用时与其离婚的前夫稻叶正成受封下野真冈的二万石领地。正成与前妻的外孙堀田正盛也成为下总佐仓十一万石领地的大名，之后成为老中笔头②。正盛的长子正信成为佐仓城主，三子正俊成为春日局的养子，之后成为大老③，四子正英受封筑波一万三千石的领地，五子胜直受封南部三千石的领地，全都飞黄腾达。

当时的人们大概也感觉到了春日局非比寻常的破格提拔。其实当时流传着很多奇奇怪怪的谣言，有传闻说她因为杀死丈夫的情人离家出走，看见招聘家光乳母的布告去应聘而被任用的。

最极端的说法是，春日局是第三代将军家光的亲生母亲。这似乎也是"无聊谣言"中的一个。然而有证明此说的史料，即江户城红叶山文库的藏书中的《松之荣》。

这本书的第一卷是"东照宫样御文"，内容是本多忠胜公的口述记录与遗言，以及黑田长政公的遗言。读后就

---

① 指石高未满一万石、有资格在将军出场的仪式上出现、家格在御目见以上的将军直属家臣。
② 江户幕府官职名，定员四到五人，负责统管全国政务。老中笔头即首席老中。
③ 江户幕府官职名，地位在老中之上，是临时性的最高职位，负责辅佐将军管理政务。

能看出，这些内容是由熟知德川家内部消息的人，甚至是家康的近臣所写的。"东照宫样御文"是家康就有关孩子们的教育问题，给其子秀忠的正室阿江的训诫。其中还记载了家康自杀的儿子信康的失败教育案例，这是只有家康才能讲述的内容。

文末还写着如下内容：

秀忠公御嫡男　竹千代君　御腹　春日局
第三代将军家光公也
同御二男　国松君　御腹　御台所
骏河大纳言忠长公也

这里的意思是嫡子家光（竹千代）的亲生母亲（御腹）是春日局，次子忠长（国松）的亲生母亲是正室阿江。

江户城的文库中所藏的史料里保存了春日局和德川幕府试图对此事进行否定，或是秘不外宣的记录。这样看来，春日局是家光生母一事在江户城内不是什么秘密，而是人尽皆知的。从春日局的破格提拔以及与家光形同亲生母子的亲密关系来看，推断她为家光的亲生母亲是合乎逻辑的。

家康得知在关原合战中促使小早川秀秋倒戈到德川方

的小早川家家老稻叶正成的妻子是斋藤利三的女儿，便说服正成与之离婚，并让她成为秀忠的侧室，但考虑到春日局是仇人的女儿，所以名义上只能是家光的乳母。

而且，家光的名字里其实也有暗示。元和六年（一六二〇）家康的孙子竹千代和弟弟国松一起元服，竹千代改名为家光，国松改名为忠长。

当时起名的方式是从父亲或祖父的名字里取一个字，因为要偏讳，所以要再从当时掌权者的名字里取一字组合起来。比如长宗我部元亲的嫡子信亲的信字就是从信长处所得。

看看家光、忠长的名字，取其祖父家康名字中的"家"与掌权者光秀名字中的"光"，合之而为"家光"，取其父亲秀忠名字中的"忠"与掌权者信长名字中的"长"，合之而为"忠长"，人们肯定都会认为是这样的组合方式吧。忠长的偏讳因为生母是信长的外甥女阿江，所以合情合理，而家光的偏讳哪怕从当时的常识来看也是异常的。

然而，如果光秀的亲属春日局是家光生母的话就一点儿也不奇怪了。恐怕家康是把没能实现的光秀、家康联合政权的梦想寄托在了家光（之后的第三代将军）身上了。

其实在元和六年（一六二〇），家光的元服就已经延期了四年之久，这是因为家康在元和二年（一六一六）去世。虽然家光的元服因此延期，但"家光"的命名应该是在家康生前就已经决定好的。

家光诞生的一年前和两年前，家康的儿子赖直、赖房出生。赖直、赖房二人分别在四岁、八岁元服。而家康死的时候，家光已经十二岁，本来家光早早元服也不奇怪。所以可以认为家康对此做了某种打算，他大概是想等丰臣家灭亡以后再替家光元服。

这是因为赖直、赖房的偏讳都取自丰臣秀赖的赖字。如果家光在秀赖活着时元服的话，就必须起名为赖字，因此推断家康是在等着丰臣家灭亡。终于，元和元年（一六一五），丰臣家在大阪夏之阵中灭亡，然而第二年家光元服的时机成熟时，家康的寿命也到了尽头。

也许大家会有疑问，"光"字一定是指光秀吗？然而在光秀以外，没有名字中有"光"字的合适人选了。而且"光"字和"赖"字都是象征土岐氏的特别之字。

这是因为土岐氏继承了源赖光的血统，而赖光是击败了大江山中名叫酒吞童子的鬼而闻名的豪杰。土岐一族代代继承此名。

逃脱的光秀之子

传闻光秀的女婿明智秀满在知道光秀死后，十四日就从安土城撤退，回到了坂本城。之后十五日坂本城被攻陷，他和一族大小一起自绝性命。

对于此事，弗洛伊斯在《日本史》中有如下记载：

> 离开安土城的明智武将（秀满）据守坂本城，那里有明智家的妇女儿童、家人、亲戚。之后的星期二，羽柴（秀吉）的军队到达此处，当时已经有很多人逃出城外。明智武将及其他武将们亲眼看到军队一步步逼近。朱斯特右近大人（高山右近）是最早入城的先行者，（中略）他们据守在最高的塔中，并且在塔中把所有女人小孩杀死以后，放火烧塔，切腹自尽。此时，明智的两个儿子死了，传闻称两个小孩非常优雅，据说到了能让人以为他们是欧洲王子的地步。长子当时十三岁。（松田毅一、川崎桃太译《全译弗洛伊斯日本史》）

恐怕这是从与弗洛伊斯有亲密交往的高山右近等人处得到的消息。

之后，秀吉彻底追杀了光秀的残党，这点从《兼见日记》中也可得见。此举导致斋藤利三在山崎战败后想回到坂本城时，在琵琶湖畔的坚田被抓，六月十七日在京都的六条河原被处刑。秀满的父亲在丹波横山被捕，并于七月二日在京都的栗田口被处以磔刑。

然而，并没有光秀的子女被捕后受刑的记录，只有他们在坂本城被攻陷之时遇害的记载。当然弗洛伊斯自己也并没能确认这个消息。假设他们逃出了坂本城的话，那就意味着他们没有被秀吉抓住而活了下来。

光秀的子女们果真死在了坂本城吗？

弗洛伊斯写说秀吉的军队到来之前"已经有很多人逃出城外"，也就是说他们原本有从坂本城逃出的机会。而且弗洛伊斯在本能寺之变后马上写的《一五八二年日本年报追加》中记载说"也有人说他们逃走了"。由此看来，当时也有他们从坂本城中逃走的传闻。

实际上，石谷赖辰父子和斋藤利三的孩子们在土佐活了下来。穿过秀吉军队的战线，从坂本城逃到土佐并非易事。比较安全的方法是从坂本城北上，在若狭的小浜搭船逃脱。当时小浜作为日本海海运的据点非常繁荣，而且当时光秀一方的武田元明也在小浜城。他们甚至已经事先准备好船只用以逃跑，可见准备相当周到，他们应该不会抛下光秀的孩子们自己逃跑。

原本光秀谋反的目的就是将一族从灭亡的危险状况中拯救出来。光秀及秀满、利三等人不管怎样都想回到坂本城，可能也是为了把这个想法贯彻到最后。他们赌自己能在坂本城再集结，与家康的军队会合后东山再起。而且，他们应该也制订好了万一失败时，如何让子女们生存下去，把复兴土岐氏的希望寄托在他们身上的计划。

结果，只有秀满回到了坂本城，这时的秀满最应该做的事情就是让光秀的孩子们平安地活下去。

传承时光之物

传闻光秀的子孙逃散到各地定居。在上总国，即现在的千叶县市原市不入斗流传着这样的传说，称光秀的侧室和孩子在一个叫斋藤利治的光秀家臣的陪同下逃到此处，还有一处据传是埋葬着光秀妻儿之物的墓。另外，近江的小谷、京都的山城、伊予的新居浜也有光秀孩子得以逃生的传闻。

赞岐（今香川县）有传闻称明智秀满的孩子在六个侍从的陪同下逃到此处，改姓土岐并定居下来。还有传言称侍奉肥前唐津藩、在岛原之乱中战死的三宅重利（藤兵卫）也是明智秀满的孩子。

继承了光秀和秀满后代血统的家族现在也居住在各地。有像我的家族这样在明治时期重新恢复明智姓氏的家族，而更多的家族弃用了明智的姓氏冠以其他姓氏。其中有的家族到现在也只把自己家族传承的故事讲给一个儿子而继承下去。还有的家族以先祖流传下来的文书不能带出门为由，不予公开。这正是四百多年来都守护着家族秘密的光秀子孙所肩负的重担。

还有其他被传言是明智氏的家族，虽然只有口口相传，但我想应该都是真实的。为什么这么说呢？因为身为明智氏之事本身就需要隐瞒，这是一种负遗产。谁都不会以之为荣，这与自称是义经或者楠正成这种日本史上英雄人物的子孙相比有天差地别。

日本画家内田青虹曾证实过这件事。有传言说内田氏的本家是逃到毛利氏治下的出云（今岛根县）的明智一族的子孙。据说此事代代只在嫡子间秘密相传。内田也是在昭和四十九年（一九七四）年一月参加完他父亲的葬礼后，亲戚们齐聚一堂时才得知了此事。据说当时他的伯父先以"此事不可外泄"为开头，首次对嫡子以外的亲人公开了此事。而作为次子的内田之父终其一生也不知此事。

被近江土岐一族藏匿的光秀后代山田家里流传下了光秀的家训，毛利家也收藏着与光秀家训内容完全一样的文书，这一文书后来成了山口县指定文化遗产。这也暗示了曾有明智族人逃到毛利家。

这一家训针对往来于丹波与坂本之间的家臣，严格规定他们不能与织田家的人发生争执。文中的日期是天正九年十二月四日，正是光秀将要做出谋反决断的时候。光秀可能是考虑到在重要时期应该避免因无意义的小事而导致其他问题。

下文是家训的意译。只看这个也能明白，光秀不是会因为个人恩怨或神经质就无谋无计划地发动谋反之人。

- 在路上与织田家宿老①和马回众②打招呼的时候，应退至道旁，礼貌恭敬地让对方通过。

- 往返坂本与丹波的人在去京都的时候，应从紫野出发途经白河前往；从京都回来时应经汁谷大津返回。若在京都有事，应派人去详细调查。另外，必须前往京都时须事先通报。

- 受命办事的使者不得在京都骑马。

- 禁止在京都内外游览参观。

- 在路上与他家之人发生口角时，不论对错一律处罚。但如果有意外发生，应赌上性命解决。

上文的内容是因离信长大人的所在地及领地很近，所以须特别留意的事项。万一发生意外就会追悔莫及。对于年轻人以及下人更须严格叮嘱。如有违反，一律立即处罚。八幡宫神明在上，故不能宽大处置。

---

① 对老臣或家老的拥有重要地位的人称谓。
② 大名身边负责警卫、传令等工作的骑马武士。

本能寺之变

就这样，光秀经周到而充分的准备，将儿女们广泛地分散至上总、近江、京都、伊予等地，这种做法也体现了光秀的智慧。他这么做也是为了降低后代被一网打尽的风险。

据说我的祖先是光秀之子於隹丸，他曾藏身于山城（京都）这个容易被人发现的地方，其中可能也有光秀的某种用意。传说他被当作神官之子养育长大，而吉田兼见的吉田神道就位于山城。兼见对于京都的神社当然是相当了解的。山崎合战四天前的六月九日，兼见曾到下鸟羽的阵营里拜访光秀。可能是光秀考虑到可能会有意外发生，便将这件事拜托给了兼见。

就这样，光秀"拯救一族"的祈愿经过四百年的传承，细水长流，终于得以实现。

第 13 章
祈愿"各国更为安宁时"

丰臣秀吉的"入唐"

由于光秀谋反，所以织田信长的入侵中国，也就是所谓的"入唐"计划没能实行。但遗憾的是，光秀在其嫡子光庆吟咏的"各国更为安宁时"中寄托的"和平时代到来"的祈愿，却被丰臣秀吉打破了。

十年后的天正二十年（文禄元年、一五九二）三月，丰臣秀吉发起了以"入唐"为目的的朝鲜侵略战争。经历中途休战，这场在朝鲜进行的战争直到庆长三年（一五九八）八月秀吉过世才告终，前后一共持续了六年时间。

据路易斯·弗洛伊斯《日本史》所记，战争期间渡海到朝鲜的日本士兵和运输人员共计约十五万人，其中死亡人数约五万。而真正被敌人杀害的很少，大部分人死于劳累、饥饿、寒冷、疾病。与之相比，朝鲜一方的死者和俘虏的人数之庞大远超日本。这次战争给日朝两国带来了极大伤害，并留下了难以愈合的伤口。

如上所述，人们在秀吉统一天下之后，等来的却是国外的悲惨战争与死亡。光秀对于信长统一天下以后一族将面临灭亡危机的担心绝不是杞人忧天，我们也不能以谋反最终失败为理由去苛责光秀当时的决断。

据路易斯·弗洛伊斯记载，对于秀吉的"入唐"，日本国内曾充满反对声音：

> 下面的谣言散播了开来，内容大致为，关白大人最后做不成这件大事，而且不及出征朝鲜，日本国内就会四处爆发大规模叛乱。实际上，大家对参与侵略战争一事极其厌恶，认为这就像是飞蛾扑火。（中略）日本国内充满了不安和叹息，大家觉得实力雄厚的武将必将为此对关白发动谋反。（《日本史》）

据弗洛伊斯所写，似乎全日本都要爆发叛乱了，但实际发生的叛乱的只有萨摩的梅北国兼在天正二十六年发动的一揆而已。此次一揆仅在三日内就被镇压，国兼的首级被送往侵略朝鲜的前线基地肥前名护屋城（今佐贺县唐津市），并被置于海边示众，相关人员也受到了秀吉的严厉处罚。《日本史》中还记载,国兼的妻子被押解到名护屋城并被处以火刑。

秀吉一掌握政权,就为强化国内统治做了各种措施,比如破坏大名领地内的城池、改封大名的领地、解除百姓的武装、为了增加年贡和兵役赋课而进行的石高调查、让大名的妻子儿女搬往大阪居住等。这些措施同时也是"防止有人为了阻止入唐而谋反的对策"。

信长的"入唐"招致光秀谋反一事一直萦绕在秀吉的脑中,他非常警惕自己"入唐"时可能会发生谋反并为此做好了切实的准备。尽管国内也出现了弗洛伊斯所写的形势,但并未爆发大规模叛乱,这正是因为这些措施发挥了作用。弗洛伊斯对此状况做出了如下说明:

> 大家对于关白怀有极大的恐惧,假如有人胆敢谋反,此人会立刻被其他所有人抛弃(中略)诸侯之间完全没有坦诚相待、亲密交往的信赖感,而是极度担心自己会被坦白内心的对象告密,所有人都噤若寒蝉。(《日本史》)

秀吉为了不重蹈信长的覆辙而绞尽脑汁,各武将也为了不重蹈光秀的覆辙而谨言慎行。大家都从本能寺之变中吸取了教训。

本能寺之变

实际上，在秀吉的政权下，尚有两个事件至今还是谜。那就是千利休的切腹和关白秀次的切腹。这两个事件和本能寺之变，也就是与光秀谋反事件，有许多共通点。第一，这些事件都原因不明，存有多种说法。第二，定论中认为的起因都是当事人个人所做的坏事。即便是现在，这些事件也都会被人们当成社会版新闻来对待。还有，这些事件都在秀吉的信息管制下发生。

正因为秀吉曾捏造了本能寺之变中光秀谋反的动机，所以人们怀疑利休和秀次切腹的原因是否也是秀吉所捏造的，这也是理所当然的。

从这个角度对这两件事进行历史搜查，会有新的发现。至今为止的研究里完全忽视了一点，那就是这两件事的发生时间正与秀吉"入唐"的时间节点相重合。千利休切腹是在第一次朝鲜侵略战争（文禄之役）正式准备的阶段，秀次的切腹则是在第二次朝鲜侵略战争（庆长之役）开始之前，且人们非常期待日明和谈成功的时期。

虽然两个人貌似具有谋反嫌疑，但是找不到明确证明他们企图谋反的证据。秀吉极度警戒有人为了阻止"入唐"而谋反，这大概是对光秀谋反的心理阴影所导致的过度反应。下面就让我们分别来确认一下两个切腹事件的真相。

千利休切腹的真相

千利休被丰臣秀吉命令切腹是在天正十九年（一五九一）二月二十八日，此事发生得非常突然。

利休的首级被置于京都一条的戾桥示众。而且不寻常的是，秀吉将放置于大德寺山门的利休木像处以磔刑，还用那个木像踩踏利休的首级，可以看出秀吉怒火之盛。

对照阅读公家劝修寺晴丰和兴福寺多闻院主的日记等文献，可以发现其中写着利休的首级旁张贴着写有罪状的布告，里面列举了利休把自己的木像置放在大德寺山门和在高价贩卖茶具中饱私囊等罪状。这是秀吉官方公布的利休罪状，但不论哪条都很难认为值得处此极刑。

那么利休对于秀吉来说，原本是怎样的人呢？

丰后①的大名大友宗麟在天正十四年（一五八六）于大阪城拜见秀吉时，秀吉的弟弟秀长曾对宗麟说："内部的事宜有宗易（利休），朝廷的事宜有我，万事皆在掌控中，无须担心。"

利休是茶人，虽然作为"侘茶"的创始人广为人知，但他实质上是堺市的商人。从秀长所言可知，利休作为御

---

① 日本古代令制国之一，约为今大分县。

本能寺之变

用商人被紧密地编入秀吉的政权体系，并且是为秀吉政权提供强力支持的重要人物。信长在天正三年（一五七五）九月十六日写给利休的信中，表达了对在出征越前之际收到利休所赠的一千颗火枪子弹的感谢（《不审庵所藏文书》）。可见，利休在信长时代就作为御用商人支持着政权。

从利休在政权中所处的位置来看，应该把利休切腹事件作为和本能寺之变一样的政治事件重新评估。对茶道的想法不一致、秀吉想娶利休的女儿之类的说法大概都是从所谓的"社会版史观"中产生的。让我们先来确认一下利休切腹时即天正十九年二月的政治状况。

此时，正发生着一件动摇全日本的大事，那就是"入唐"。利休死后第二年，天正二十年（文禄元年、一五九二）的三月，秀吉命令诸大名渡海"入唐"。而秀吉早在天正十五年（一五八七）就已经让对马①的宗氏为了协助"入唐"，与朝鲜一方进行关于朝鲜国王访问京都的交涉。"入唐"的准备工作在很久以前就已经切实地展开了。

宗氏多番努力与朝鲜交涉，终于在天正十八年（一五九○）十一月达成了朝鲜使者觐见秀吉的协议。当时，

---

① 日本古代令制国之一，即今对马岛。

秀吉将命令朝鲜作为"入唐"先导的国书交予了使者。秀吉的"入唐"终于逐渐正式化。而且，这时秀吉对于为阻止"入唐"而谋反一事的防备也已有所提高。利休切腹就是在这件事的四个月之前发生的。

并没有能够具体证明当时国内出现谋反动向的史料。但是很明显，当时有为避免"入唐"而展开活动的人，那就是统治着对马的宗氏。作为孤岛的对马靠近朝鲜，土地不适宜农耕，依靠日朝贸易维持生计，所以日朝间的战争对他们来说就是存亡问题。宗氏作为与朝鲜交涉的官员，甚至曾伪造双方的国书，费尽心力想让两国间的关系缓和下来。

和宗氏抱有一样想法的还有博多的商人们，其中具有代表性的就是岛井宗室。对于通过宗氏进行日朝贸易的岛井宗室来说，这场战争也涉及存亡问题。因为与朝鲜方进行关于朝鲜国王访问京都的交涉没有进展而被秀吉责怪的宗氏家主义智，在天正十七年（一五八九）六月，作为副使陪同正使僧人景辙玄苏渡海到朝鲜，当时也让岛井宗室与之同行。

宗室还在博多保护了前一年即天正十六年（一五八八）因触怒秀吉而被流放到九州的京都大德寺住持古溪宗陈。宗陈在次年被赦后回到京都，而向秀吉劝谏此事的人就是利休。宗陈是利休在佛门的恩师，两人是肝胆相照的关系。通过宗陈，宗室和利休的交情更深了。

本能寺之变

　　另外，还有一个人和宗氏的想法一致，那个人就是小西行长。行长的女儿嫁给了宗氏家主义智。行长曾经向秀吉恳求，若宗氏伪造国书的努力失败的话，自己将和义智一起作为先遣部队前往朝鲜。朝鲜侵略战争发生以后，行长立刻开始了与朝鲜缔结和平协议的交涉。

　　小西行长与利休茶道的高徒、"七哲"① 之一的高山右近同为切支丹大名，两人关系密切，把因秀吉的伴天连追放令②而被流放的右近藏匿到了自己的领地小豆岛的人也是行长。

　　故而大友宗麟曾评价利休是"唯一能向秀吉进言的人"，由此，在利休身边形成了聚集着宗义智、岛井宗室、古溪宗陈、小西行长、高山右近这类希望避免"入唐"之人的人脉关系网。他们想要利用利休、想让利休设法阻止秀吉"入唐"的想法也并不奇怪。虽然没有记述此事的史料，但是从不惜伪造国书也要避免"入唐"的宗义智以及岛井宗室、小西行长表现出来的急迫心情来看，这是完全有可能的事情。

　　利休自己通过接触高丽茶碗等茶具，对朝鲜应该有超出常人的亲近感，他自己肯定也是希望避免"入唐"的。

---

　　① 　千利休的七名弟子的合称，他们分别是蒲生氏乡、细川忠兴、古田重然、芝山宗纲、濑田正忠、高山右近、牧村利贞。
　　② 　1587 年丰臣秀吉发布的驱逐外国传教士的法令。

可能也正是出于这个原因，利休选择去劝谏秀吉放弃"入唐"的想法。而此事引起了秀吉对谋反的恐惧。秀吉害怕在政府内外拥有广阔人脉的利休万一成为阻止"入唐"的意见领袖，反对势力就会集结起来发动叛乱。

利休和武将们也有很深的交流，曾频繁地设茶席招待他们。二月十三日利休被放逐到堺市闭门思过，而他曾在一月十一日早上招待了毛利义辉，当晚招待了岛津义弘，二十四日早上又招待了德川家康（《利休百会记》）。这种和武将的接触或许也催生了秀吉的猜疑，于是就引发了秀吉的过度反应。

利休在死前亦曾留下文字。其一是写给女儿阿龟的遗书，上面写着："鄙人利休有善报，死后将成菅丞相（菅原道真）。"（杉本捷雄著《千利休及其周边》）利休将自己比作因为谗言而倒台的菅原道真，他无法接受秀吉对自己的处罚，大概他完全没想过要进行谋反。

另外一通是利休写下的辞世偈（韵文）及和歌。和歌是"吹毛利刃伴我身，如今向天一抛去"（提ぐる我得具足の一つ太刀　今此の時ぞ天に抛つ）①，这首和歌能

---

① 利休的辞世偈为"人生七十、力囲希咄、吾這宝剣、祖仏共殺"，其中宝剑指"吹毛剑"，在禅宗的偈中用以比喻般若智慧之锐利。和歌中的"得具足"意为擅长的武器。利休之"得具足"即和歌中的"吹毛剑"，应是借佛教语比喻茶道。

让人感到一种孤注一掷定输赢的气势，可能也寄托了利休为了谏言阻止"入唐"而不惜赌上性命的心情。"今此の時ぞ"（如今）这个词语里大概也包含了和光秀做出"時は今"（如今）决断时同样的心情。

就这样，秀吉早早地拔除了阻止"入唐"的萌芽。因为类似利休这样的"殉教者"会导致阻止"入唐"的舆论高涨，为了避免这种情况发生，秀吉以奢侈罪为名对利休做了处分。于是利休切腹的原因和光秀谋反的动机一样，都成了社会版新闻。

关白秀次切腹的真相

丰臣秀次是秀吉姐姐的儿子。天正十九年（一五九一）八月秀吉的嫡子鹤松夭折，秀次由此成了秀吉的养子，接着在十二月就任关白。就任关白以后，秀次住在聚乐第①执掌内政，秀吉则专注于"入唐"。

天正二十年（一五九二）三月十三日，秀吉下令派遣十五万士兵渡海出征朝鲜。第一军以宗义智、小西行长作为先遣部队，四月十二日登陆釜山，之后加藤清正的第二军也登陆朝鲜。前哨战连战连胜，行长和清正在竞争先

---

① 丰臣秀吉在京都兴建的城郭兼宅邸。

锋的同时，于五月三日攻陷了朝鲜首都汉城。

同年五月十八日，秀吉收到捷报后大喜，写下二十五条备忘录寄给关白秀次。其中，秀吉表明了将让秀次成为中国的关白，在顺天府（今北京）周边赐他百国的意思；并指示明年早早出征，后年让后阳成天皇移居顺天府，呈给他十个领国；还要加封给公家们知行。而日本的天皇可由皇太子或皇弟继承，日本的关白则由羽柴秀保（秀次的亲弟弟）或宇喜多秀家担任。秀吉还要将织田秀信或宇喜多秀家安置在朝鲜等。对于这些指示，关白秀次和天皇、公家是怎么想的呢？

持续进攻的日本军队在六月十五日进入平壤城，之后明军开始对朝鲜展开救援行动。日军受到反击被迫后撤。经历周折的和平谈判，最后双方达成休战协议。日军在次年即文禄二年（一五九三）的四月十八日从汉城撤退，大明也派遣了和谈使节到日本。五月十五日，大明使节到达肥前名护屋，从此开始了长期的和平谈判，但日明两国对和谈条件有完全不同的想法。

终于在文禄三年（一五九四）十二月，明朝皇帝决定派遣册封使，册封秀吉为日本国王。次年一月，册封使臣一行从北京出发，四月到达汉城。留在釜山负责与明交涉的小西行长为了通知册封使即将到达的消息开始返日。接到此报告的秀吉家臣便急忙开始了准备工作。秀吉以为，册封使节带来的是承诺答应秀吉所提出的和谈条件的国书。

在此前的一月十六日，秀吉命吉川广家和岛津义弘为来年秀次前往名护屋做准备（《吉川家文书》、《岛津家文书》）。作为和谈条件之一，秀吉提出了割让朝鲜一半领土给日本的要求。秀次前往名护屋一事反映了秀吉让秀次在台前统治朝鲜的想法。这里可能就隐藏着半年以后的七月八日，秀次因谋反嫌疑而被流放到高野山的原因。

秀次并不像传言中说的那般无能，他作为关白致力于推动与公家的交流以及文化艺术的振兴，还被评为当时第一流的有修养的人。弗洛伊斯也在《日本史》中做了相关记载，书中记述了秀次收到因朝鲜侵略战争前哨战的胜利而喜不自胜的秀吉写给他的二十五条备忘录时的反应。

关白的外甥新关白秀次，虽然年少却深明事理，谦虚，不短视不性急，遇事小心谨慎、思虑周到。而且，平时喜欢和有见识的贤明之人交谈。他虽然收到了从关白处寄来的写满宏大的妄想和如空中楼阁一般的内容的书信，却几乎毫不在意。因为他从前便很贤明，所以他不会想要用已经得到的东西去换取那样不切实际的可疑的东西。他虽然吐露过讽刺的话语，但为了维持和舅父关白间的关系并没有实言相告，十分自制。

　　从这段记载中，我们可以了解秀次这一人物形象，以及他内心对于"入唐"的反对态度。

　　秀次终于动身前往名护屋，之后还要前往朝鲜，秀吉发布的命令渐渐有了成为现实的趋势。可能在天皇和公家身上也发生了同样的事情。在秀吉的二十五条备忘录里，天皇应该在秀次之后移居中国，可见秀吉的想法并没有全部变成一纸废言。

　　秀次切腹的两周前，六月二十日，丰臣家的番医（值班医生）曲直濑玄朔到秀次处出诊。在此前一年，文禄二年的九月到十月，秀次因在伊豆①的热海进行温泉疗养时哮喘恶化而紧急召见了玄朔。玄朔的诊断记录《医学天正记》上记载此时的秀次是"因为压力大，体内滞气，也就是所谓的气病（抑郁症）"（宫本义己著《丰臣政权中的太阁和关白》）。而六月二十日，秀次并没有叫来他专属的侍医，而是特意叫了丰臣家的值班医生玄朔，也就是说此时秀次应该是抑郁症复发了。

　　而且，与此同时，后阳成天皇也因为抑郁症接受玄朔的治疗，时间是是从六月十七日起到七月十日（宫本义

----

① 日本古代令制国之一，约为今伊豆半岛及其附近岛屿。

已著《丰臣政权中的太阁和关白》）。对于当时不过二十多岁的两人来说，"入唐"的压力从很久以前开始就成了相当大的精神负担。

玄朔就像这样同时往来出诊于秀次和天皇两方之间。但令人意想不到的是，这诱发了秀吉对谋反的恐惧。秀吉认为秀次企图与朝廷联手发起谋反，而玄朔作为联络人往来于聚乐第和天皇御所之间。后来玄朔也因秀次事件被牵连问罪，被流放到常陆国（现在的茨城县）。

秀次在文禄四年（一五九五）七月十五日被命令切腹，年仅二十八岁，且有将近二十名秀次的小姓和家臣切腹。而不光武将，连如菊亭晴季①、里村绍巴等和秀次交情匪浅的公家及文化人也被问罪流放。不仅如此，秀次的侧室、孩子等将近四十人被处死于三条河原，侧室中还有菊亭晴季的女儿。

如此罪及一族和近臣的大范围处刑，很明显不是出于秀次随意斩杀行人、做出冒犯神佛的无礼行为这种类似社会版新闻般的原因，他是被定罪为谋反的。秀吉被谋反的恐惧所支配，害怕虽然没有明言但内心反对"入唐"的秀次与朝廷结党，再拉拢武将发动谋反。秀吉在京都筑

---

① 即今出川晴季（1539—1617），日本战国时代至江户时代前期的公卿。

城，将其作为关白的政府机关，还举行了迎接天皇行幸的盛大仪式，但彻底摧毁了聚乐第，这些大概都是对朝廷施压的行为。

秀吉对谋反的恐惧心理导致了政权和一族的削弱。而且，秀吉错失了杀掉德川家康的机会，在没有尽到确保子辈一代一族的生存之责任的情况下就离开了人世。

庆长八年（一六〇三），就任征夷大将军的家康开创江户幕府，建立了持续二百六十年和平的国家。光秀"各国更为安宁时"的祈愿，终于经由盟友德川家康之手得以实现。

后记

让本能寺之变的"定论"
更加确凿的日本国策

　　我用"入唐"把信长、秀吉政权下发生的三个事件——光秀谋反、利休切腹、秀次切腹联系了起来，这就是秀吉想要掩盖的事情。对于有人反对自己推动的"入唐"计划，甚至为了阻止"入唐"而企图谋反一事，秀吉并不想公之于众。所以，不论是哪件事，秀吉在公布罪状时都将其归因于个人的恶行。

　　这就是历史"定论"的成因。明治维新以后到太平洋战争期间的日本国策让"定论"变得更为确凿。明治政府富国强兵政策的下一步就是对中国大陆的侵略，也就是"入唐"。推动"入唐"的日本政府和秀吉有完全一样的想法。如果这些事件的起因是为了阻止国家英雄、军神秀吉的"入唐"，就会给日本政府造成麻烦。就好像不可能有叛国贼反对他们的侵华一样，也不应该有反对秀吉

"入唐"的人，于是"定论"也变得不可动摇。

光秀从以前开始，就怨恨着主上的严厉作风，所以钻了本能寺防守薄弱的空子，突然背叛、突袭信长。

信长自先前接到天皇御旨以来，意欲尽早平定天下，安定上心。明明还有一口气就要成此大业，转眼间却被逆臣所杀，实在非常可惜。

谈判中，秀吉偶然得到了本能寺之变的消息。于是他一与毛利达成和约就立刻撤军，一鼓作气地前进，将光秀消灭于山城国的山崎。从本能寺之变至此仅过了十一天。对于秀吉如此迅捷的行动，我们也只能表示惊叹了。

秀吉出身卑微，凭着优秀的智力和勇气平定了国内，并深深地尊敬着皇室，在安定了百姓之余，还发起了对外战争，向海外显示国威，真乃豪杰。但是，在另一方面，他又是宽大慈悲之人。

这是自昭和十年（一九三五）起，在普通小学里使用的《寻常小学国史》里的记载。不光是作为"定论"的故事，连对应于此事的国家道德观，也包含在对小学生们展开的广泛教育中。在秀吉的相关研究中形成了禁区，对光秀谋反、利休切腹、秀次切腹的研究完全被限制在远离真相的区域。其结果就是，谁都没有对"依赖军记物的社会版史观"起疑，而且这种状态一直持续到了现在。

德国的铁血宰相俾斯麦说过："贤者从历史中学习，愚者从经验中学习。"所谓"从历史中学习"，就是承认与自己有不同经验、想法、能力的前人存在，以及思考自己能够在多大程度上接近那个人的真实想法，因此会有新的发现。而把自己的经验强加到前人身上，并用自己的想法解释前人，这不是从历史中学习，而只不过是对自己经验的正当化。"社会版史观"把历史讲述得滑稽有趣，这正好是把个人经验正当化的史观。人常常会被容易理解的说法牵着鼻子走。

织田信长和丰臣秀吉的"入唐"，并不是他们夸张的妄想。在"御恩和奉公"的时代，扩大领地是武将的必然目的，"入唐"就是逻辑上战国武将统一日本后的归宿。

德川家康通过切断这个逻辑链，建立了二百六十年的和平国家。他不是向外求取土地，而是建立了一个国内土地的循环结构。那就是改易，也就是裁撤大名。这是一项撤销违反规定的大名的身份，并将其土地分给有功绩的大名的政策。在江户时代，有多达一百六十家大名被改易。

家康放弃了"入唐"，加上为了弥补秀吉入侵朝鲜造成的伤害，特别注重发展与朝鲜之间的睦邻友好外交。二百六十年间，朝鲜派遣了多达十二次的通信使到日本，这些沟通情谊的外交、文化使节团的来访在日本各地受到热烈欢迎，构建了日朝友好的蜜月期。

然而，明治政府复兴了被家康废弃的丰国神社，将秀吉当成神明供奉，反而打破了德川幕府维持国家和平、睦邻外交的理念和构造。其结果广为人知，日本到了昭和时代又一次陷入了"入唐"（侵略中国大陆）的怪圈。因此可以说，日本也没能做到"从历史中学习"。

现代人大概不能理解以信长、秀吉为首的战国武将们对扩大领地的渴望，但是，将武将换成企业的领导，将领地换成利润的话，那就和现在发生的事情一模一样了。企业不断地追求利润的增加，在瓜分了有限的国内市场的大饼后，又为了追求国外市场而进军海外。这种被称为全球化的活动不知休止地持续着。

那么，现代人能够理解战国武将们为子孙后代的生存和繁荣尽责的想法吗？我觉得人们自身也正在被生活追赶着，因此这种意识也变得淡薄了。我们必须花精力和时间去思考，为了下一代该做些什么、留下什么，不应该留下什么。

　　从迷失了宏大历史构造的"社会版史观"中，我们什么都学不到。通过学习战国时代的真正历史，我们应该可以发现些什么。如果此书能对此起到作用，这将是我的荣幸。

致　谢

非常感谢株式会社文艺社的古内敏章以及担任编辑的中村孝志。他们理解我渴望让世人了解本能寺之变真相的心情，并给予了我出版此书的机会。此次承蒙他们的大力支持和照顾，特此记名以表谢意。

附　录

本能寺之变的"日表"

事变之前（日差为该日至本能寺之变的倒计日数）		
日差	年月日	事件（括号内为相关史料）
100	一五八二年二月九日	信长向诸将发号施令，命三好康长做好出击长宗我部的准备，命光秀、细川忠兴、筒井顺庆做好攻击武田的准备（《信长公记》）。信长开始准备进攻家康领地
85	一五八二年三月五日	信长与光秀、顺庆、忠兴一起出征武田（《信长公记》）
58	一五八二年四月二日～	信长从诹访出发，前往参观富士山，途经家康领地后踏上返回安土城的归途（《信长公记》）。光秀、顺庆、忠兴随同信长视察
41	一五八二年四月十九日	松平家忠设茶席招待信长。黑人弥介作为小姓成为信长的近侍（《家忠日记》）
39	一五八二年四月二十一日	信长回到安土城（《信长公记》）
24	一五八二年五月七日	信长给织田信孝颁发处置四国的朱印状
20	一五八二年五月十一日	信孝为征讨长宗我部扎营于大阪的住吉（《信长公记》）斋藤利三得知此事后加紧谋反的准备（《元亲记》）

日差	年月日	事件（括号内为相关史料）
20	一五八二年五月十一日	在此前后，信长和光秀在安土城的密室里就在本能寺谋杀家康一事进行会谈。光秀要求信长撤销对长宗我部的征讨，被拒绝后决定谋反。在密室里侍奉一旁的小姓弥介目睹了此事（《日本史》）
17	一五八二年五月十四日	藤孝、忠兴从京都吉田兼见的住处出发前往安土城（《兼见卿记》） 家康、穴山梅雪到达安土附近的近江番场。光秀被任命为礼宾（《信长公记》） 从此日到十七日之间，光秀和家康就谋反一事进行商谈，利三、藤孝出席（《兼见卿记》《日日记》）
14	一五八二年五月十七日	光秀回到坂本城（《信长公记》） 兼见在安土城与藤孝见面并受到警告（《兼见卿记》）
13	一五八二年五月十八日	光秀开始准备密信和密使。这段时间，藤孝和老臣松井康之商议应对之策。之后，康之向秀吉泄露了谋反计划，藤孝加入秀吉阵营（《兼见卿记》）
10	一五八二年五月二十一日	家康、梅雪在织田信忠的陪同下从安土出发前往京都（《信长公记》）
9	一五八二年五月二十二日	此日之前光秀从坂本移至丹波龟山城
8	一五八二年五月二十三日	光秀参拜爱宕神社
7	一五八二年五月二十四日	光秀在爱宕山举行百韵，吟咏发句"如今在雨下，时逢五月天"
4	一五八二年五月二十七日	信忠听闻信长上洛，改变与家康同往堺市的计划，前往京都迎接信长（《小畠文书》）
2	一五八二年五月二十九日（此年五月仅有二十九日）	信长从安土出发，携弥介等二三十名小姓上洛并入住本能寺（《信长公记》） 信长命光秀、顺庆、忠兴、家康于六月二日上洛，发起谋杀家康的行动 家康进入堺市（《宇野主水日记》）

本能寺之变

日差	年月日	事件（括号内为相关史料）
1	一五八二年六月一日	公家们蜂拥至本能寺拜访信长，兼见缺席（《兼见卿记》《言经卿记》） 家康在堺市受到今井宗久、津田宗及的茶席招待。作为向导的长谷川竹以及秀吉安插的杉原家次随行（《宇野主水日记》） 家康命茶屋四郎次郎先行前往京都（《茶屋由绪记》）
0	一五八二年六月二日	光秀于拂晓突袭本能寺杀掉信长，之后前往二条御所杀死信忠（《信长公记》） 信长意识到谋杀家康的计划招致了自己的灭亡（《日本王国记》） 家康清晨从堺市出发，打算穿越伊贺（《茶屋由绪记》） 杉原家次离开堺市前往备中高松向秀吉紧急通报 家康使安插在信忠身边的水野忠重逃离二条御所后藏匿起来（《家忠日记》） 弥介逃出本能寺在二条御所奋战后投降，被带往南蛮寺（《耶稣会日本年报》） 顺庆在前往本能寺途中接到伪报后回到大和（《多闻院日记》） 细川忠兴无视信长的上洛命令留守丹后宫津

事变之后（日差为本能寺之变起的计算日数）

日差	年月日	事件（书名号内为相关史料）
1	一五八二年六月三日	杉原家次到达备中高松向秀吉紧急报告。秀吉与毛利和谈（《惟任退治记》） 蒲生贤秀等撤离安土城（《信长公记》）
2	一五八二年六月四日	家康回到冈崎。穴山梅雪被逼切腹（《家忠日记》） 光秀征服近江（《兼见日记》） 秀吉开始从备中高松撤军

日差	年月日	事件（括号内为相关史料）
3	一五八二年 六月五日	光秀入主安土城（《兼见卿记》），派遣藤田传五去说服顺庆（《莲成院记录》） 家康推进东阵，讨伐甲斐的织田军（《家忠日记》） 织田信澄在大阪城被织田信孝杀害（《家忠日记》、《多闻院日记》） 秀吉向各位将领发出书信，告知他们自己已在从高松返回的途中（《中川清秀宛秀吉书状》）
4	一五八二年 六月六日	兼见受诚仁亲王派遣，成为拜访光秀的特使（《兼见卿记》） 秀吉军主力部队回到姬路城（《松井康之宛杉若无心书状》）
5	一五八二年 六月七日	兼见到安土城拜见光秀，谈论对此次谋反的想法（《兼见卿记》） 光秀收到秀吉正在接近的报告（《日本史》）
6	一五八二年 六月八日	光秀从安土前往坂本城，准备上洛后出征摄津（《兼见卿记》） 兼见到皇宫向亲王汇报（《兼见卿记》），晴丰、言经也在场（《晴丰公记》） 秀吉重臣杉若无心向藤孝家老松井康之发出书信
7	一五八二年 六月九日	亲王下发给光秀奉书。光秀为了迎击秀吉出征下鸟羽（《兼见卿记》） 家康为了专注于夺取甲斐而延迟了西阵的进军。光秀和水野忠重取得联络 忠重回到冈崎，传达了秀吉中国大返还的消息以及光秀的求救（《家忠日记》） 顺庆停止了支援光秀的行动转而开始准备守城（《多闻院日记》）
8	一五八二年 六月十日	家康为了救援光秀紧急发出西阵出征的命令（《家忠日记》） 藤田传五向顺庆提出合作，被拒后返回，途中又被顺庆召回（《多闻院日记》）

本能寺之变

日差	年月日	事件（括号内为相关史料）
10	一五八二年六月十二日	光秀放弃对摄津的掌控，回归下鸟羽，再出征山崎
11	一五八二年六月十三日	光秀在山崎合战中败给秀吉，于醍醐、山科一带被杀害（《兼见卿记》、《晴丰公记》、《多闻院日记》、《言经卿记》、《莲成院记录》）
12	一五八二年六月十四日	家康出征尾张鸣海（《家忠日记》） 明智秀满黎明从安土城撤回至坂本城（《日本史》）
13	一五八二年六月十五日	秀吉将光秀的首级在本能寺示众（《晴丰公记》、《兼见卿记》） 家康接到光秀战败身亡的消息（《家忠日记》） 坂本城被攻陷，明智秀满自杀。安土天主阁起火（《兼见卿记》、《日本史》） 家康在鸣海收伊贺忍者为家臣（《伊贺忍者由绪书》）
15	一五八二年六月十七日	家康进军津岛（《家忠日记》） 斋藤利三在坚田被捕，于京都六条河原被斩首（《兼见卿记》、《言经卿记》）
16	一五八二年六月十八日	家康组织一揆杀死甲斐领主河尻秀隆（《三河物语》）
17	一五八二年六月十九日	家康接到秀吉的撤军命令（《家忠日记》）
18	一五八二年六月二十日	秀吉、家康、藤孝在清洲城进行三方密谈
19	一五八二年六月二十一日	家康从鸣海撤退转而夺取甲斐、信浓（《家忠日记》）
25	一五八二年六月二十七日	秀吉、信雄、信孝在清洲会议上决定了战后的处理事宜（《惟任退治记》）
29	一五八二年七月一日	秀吉给藤孝、忠兴颁发起请文，称赞他们"持无人可比之觉悟"
30	一五八二年七月二日	光秀、利三的尸体在栗田口被处以磔刑示众。明智秀满的父亲于六月二十八日在福知山被捕，也于栗田口被处以磔刑（《兼见卿记》、《言经卿记》）

与光秀相关的年表

（年差为该年至本能寺之变的倒数年数）

年差	年月日	事件（括号内为相关史料）
23	永禄二年（一五五九）	二月，信长上洛，觐见将军足利义辉（《言继卿记》）
22	永禄三年（一五六〇）	五月，信长在桶狭间击败今川义元（《信长公记》）
21	永禄四年（一五六一）	一月，信长与家康缔结同盟
19	永禄六年（一五六三）	长宗我部元亲迎娶石谷赖辰的妹妹。曾为细川藤孝中间的光秀通过石谷赖辰结识长宗我部元亲
17	永禄八年（一五六五）	五月，足利义辉被暗杀（《言继卿记》） 七月，足利义昭在细川藤孝的帮助下逃往近江，公布继承幕府，开始发行内书。光秀成为义昭麾下的足轻（《永禄六年诸役人附》） 十二月，义昭向信长申请上洛援助。信长通过藤孝表示同意（《高桥义彦氏所藏文书》）
16	永禄九年（一五六六）	四月，义昭任职从五位下左马头 九月，义昭前往越前投靠朝仓义景。光秀也和藤孝等人一同前往越前
15	永禄十年（一五六七）	一月，三好方拥立的足利义荣任职从五位下左马头 十一月，义荣申请任命将军的圣旨，被驳回（《晴右公记》）
14	永禄十一年（一五六八）	二月，义荣受圣旨担任将军 七月，义昭前往美浓（《多闻院日记》）。光秀到此时都在斡旋元亲和信长的合作（《元亲记》） 九月，义昭、信长上洛 十月，义昭受圣旨担任将军（《言继卿记》）。义荣在阿波病死

本能寺之变

年差	年月日	事件（括号内为相关史料）
13	永禄十二年（一五六九）	一月，光秀在本圀寺防卫战中和足轻众共同奋战（《信长公记》、《言继卿记》） 四月，光秀作为幕府的奉公众参与京都的行政（《贺茂庄中宛文书》、《立入左京亮宛书状》） 七月，赖辰失业返回京都（《言继卿记》），之后投靠光秀
12	永禄十三年（一五七〇）元龟元年	一月，光秀作为幕府高官，收到了山科言继的新年问候（《言继卿记》） 一月，信长将向义昭提出的五项条书给朝山日乘和光秀 九月，光秀参与信长进攻近江的作战（《信长公记》） 九月，光秀和幕府奉公众一起撤军（《言继卿记》）
11	元龟二年（一五七一）	九月，信长火烧比叡山（《言继卿记》、《信长公记》） 信长赐近江志贺郡给光秀，并收他为家臣（《信长公记》）。千秋辉季等幕臣成为光秀的家臣（《西教寺寄进状》）
10	元龟三年（一五七二）	闰一月，坂本城建造期间，兼见拜访光秀。十二月兼见访问时对天主阁表示惊讶（《兼见卿记》） 七月，光秀在琵琶湖与浅井军作战（《信长公记》） 九月，信长向义昭提出十七条异见书（《信长公记》）
9	元龟四年（一五七三）天正元年	二月，光秀攻下今坚田城，征服了大半志贺郡（《信长公记》） 三月，细川藤孝离开义昭，侍奉信长（《信长公记》） 四月，武田信玄病逝于信浓驹场 七月，光秀和藤孝攻打义昭，义昭遭流放（《信长公记》）。伊势贞兴等幕臣成为光秀的家臣 八月，信长灭亡浅井和朝仓（《信长公记》）
8	天正二年（一五七四）	四月，石山本愿寺的显如起兵（《信长公记》） 七月，三渊藤英（藤孝的异母哥哥）被信长命令于坂本城自杀 八月，信长灭亡长岛一向一揆（《信长公记》）。光秀转战大和、摄津、河内等地

年差	年月日	事件（括号内为相关史料）
7	天正三年（一五七五）	四月，光秀出征河内，进攻三好长康（《兼见卿记》） 五月，信长在长篠合战中击败武田胜赖（《信长公记》） 七月，光秀任惟任日向守（《信长公记》） 七月，元亲统一土佐 八月，光秀活跃于攻打加贺、越前的一向一揆的作战中（《信长公记》） 十月，元亲在光秀的斡旋下与信长缔结同盟（《土佐国蠹简集》）
6	天正四年（一五七六）	一月，光秀进攻丹波时因波多野氏的倒戈大败，回到坂本城（《兼见卿记》） 二月，光秀出征丹波（《兼见卿记》） 五月，光秀在攻打石山本愿寺中陷入苦战，据守天王寺城。信长救出光秀（《信长公记》） 五月，毛利辉元与信长断交 六月，光秀患痢疾，信长派遣使者慰问光秀（《兼见卿记》）
5	天正五年（一五七七）	二月，进攻杂贺时，光秀、藤孝先拔头筹（《信长公记》） 十月，光秀活跃于攻打松永久秀的战斗中（《信长公记》） 十月，光秀进攻丹波籾井城（《兼见卿记》）
4	天正六年（一五七八）	一月，信长设茶席招待前来安土拜年的光秀（《信长公记》） 四月，光秀进攻丹波（《信长公记》） 四月，松井康之在攻打播磨时援助秀吉 五月，光秀为了支援秀吉出征播磨（《信长公记》） 八月，光秀的女儿（玉）嫁给了藤孝的嫡子忠兴 十月，光秀被派往说服谋反的荒木村重（《信长公记》） 十二月，光秀进攻播磨三木城，包围丹波八上城（《信长公记》）

本能寺之变

年差	年月日	事件（括号内为相关史料）
3	天正七年（一五七九）	二月，光秀出征丹波龟山（《兼见卿记》） 四月，光秀从丹波前往摄津信长处进行军中慰问（《信长公记》） 六月，光秀俘虏八上城的波多野兄弟（《信长公记》） 八月，光秀攻陷丹波黑井城（《信长公记》）。元亲降伏阿波的三好式部少辅（《元亲记》） 九月，家康的嫡子信康自杀 十月，光秀向信长报告平定了丹后、丹波（《信长公记》）
2	天正八年（一五八〇）	四月，显如让出石山本愿寺后离开 六月，元亲通过光秀向信长进贡鹰和砂糖（《信长公记》） 八月，信长赐给光秀丹波，赐给藤孝丹后 八月，信长放逐佐久间信盛等老资格重臣（《信长公记》） 十一月，信长赐给筒井顺庆大和
1	天正九年（一五八一）	二月，信长将巡察师范礼安带来的黑奴（弥介）收作仆从（《信长公记》） 二月，光秀在京都操办阅兵仪式（《信长公记》） 六月，光秀制定明智家中军法（《御灵神社文书》） 八月，光秀妹妹（妻木）去世（《多闻院日记》） 九月，信长攻打伊贺。家康藏匿逃亡者（《三河物语》） 十月，松井康之因支援秀吉进攻鸟取城而得到赏赐 十一月，秀吉进攻淡路岛（《信长公记》）
0	天正十年（一五八二）	一月，光秀派石谷赖辰前往说服长宗我部元亲（《土佐国编年纪事略》） 二月，信长下达出征进攻武田的命令（《信长公记》） 三月，信长灭亡武田胜赖，视察家康领地后回军（《信长公记》） 五月，家康、穴山梅雪访问安土城（《信长公记》） 六月，本能寺之变（《信长公记》）。光秀于山崎合战中战败而亡

参考文献

『本能寺の変　四二七年目の真実』明智憲三郎著（プレジデント社、二〇〇九年）

『信長公記』太田牛一著・桑田忠親校注（新人物往来社、一九九七年）

『信長記』太田牛一著・岡山大学池田家文庫等刊行会編（福武書店、一九七五年）

『言継卿記』高橋隆三・斎木一馬・小坂浅吉校訂（続群書類従完成会、一九六六年）

『言経卿記』東京大学史料編纂所編纂（大日本古記録所収、岩波書店、一九五九年）

『兼見卿記』斎木一馬・染谷光広校訂（史料纂集所収、続群書類従完成会、一九七一年）

『日々記』（立花京子著『信長権力と朝廷』所収、岩田書院、二〇〇〇年）

『増訂織田信長文書の研究』奥野高廣著（吉川弘文館、一九六九年）

『家忠日記』竹内理三編（増補続史料大成所収、臨川書店、一九八一年）

『宗及茶湯日記他会記』千宗室等編（茶道古典全集第七巻所収、淡交新社、一九五七年）

『多聞院日記』英俊著・辻善之助編（三教書院、一九三五年）

『宇野主水日記』上松寅三編纂校訂（石山本願寺日記下巻所収、清文堂出版、一九三〇年）

『本城惣右衛門覚書』木村三四吾編（業余稿叢所収、木村三四吾、一九七六年）

『立入左京亮入道隆佐記』近藤瓶城編（史籍集覧所収、近藤出版部、一九〇二年）

『利休百会記』（茶道古典全集第六巻所収、千宗室等編、淡交新社、一九五八年）

『駒井日記』（改定史籍集覧所収、近藤瓶城編、臨川書店、一九八四年）

『松のさかへ』国書刊行会編（史籍雑纂、一九七四年）

『実隆公記』三条西実隆著・高橋隆三編（続群書類従完成会、一九六七年）

『永禄六年諸役人附』塙保己一編（群書類従所収、続群書類従完成会、一九五九年）

『大日本史料』東京大学史料編纂所（東京大学出版会、一九二七年～）

『完訳フロイス日本史』ルイス・フロイス著・松田毅一・川崎桃太訳（中央公論新社、二〇〇〇年）

『イエズス会日本年報　上』村上直次郎訳（雄松堂出版、一九六九年）

『十六・七世紀イエズス会日本報告集』松田毅一監訳（同朋舎出版、一九八七年）

『日本王国記』アビラ・ヒロン著・佐久間正・会田由訳（岩波書店、一九九一年）

『日本巡察記』ヴァリニャーノ著・松田毅一・佐久間正編訳（桃源社、一九六五年）

『連歌総目録』連歌総目録編纂会編（明治書院、一九九七年）

『連歌百韻集』伊地知鐵男編（汲古書院、一九七五年）

『連歌集』島津忠夫校注（新潮社、一九七九年）

『三河物語』大久保彦左衛門原著・小林賢章訳（教育社、一九八〇年）

『元親記』泉淳著（勉誠社、一九九四年）

『綿考輯録　第一巻・藤孝公』細川護貞監修（汲古書院、一九八八年）

本能寺之変

　『信長記』小瀬甫庵著・神郡周校注（現代思潮社、一九八一年）

　『太閤記』小瀬甫庵著・桑田忠親校訂（岩波書店、一九四三年）

　『天正記』大村由己著・桑田忠親校注（太閤史料集所収、人物往来社、一九六五年）

　『惟任退治記』近藤瓶城編（史籍集覧所収、近藤出版部、一九〇二年）

　『當代記』続群書類従完成会編（史籍雑纂所収、続群書類従完成会、一九九五年）

　『川角太閤記』志村有弘著（勉誠社、一九九六年）

　『明智軍記』二木謙一監修（新人物往来社、一九九五年）

　『老人雑話』近藤瓶城編（改定史籍集覧第十冊所収、臨川書店、一九八三年）

　『武功雑記』近藤瓶城編（改定史籍集覧第十冊所収、臨川書店、一九八三年）

　『甲陽軍鑑大成』酒井憲二編（汲古書院、一九九四年）

　『依田記』（続群書類従・第二十一輯上・合戦部所収、続群書類従完成会、一九二三年）

　『徳川実紀』黒板勝美編（吉川弘文館、一九二九

年）

　『日本教科書大系　近代編・第二十巻・歴史（三）』
海後宗臣編（講談社、一九六二年）

　『寛永諸家系図伝』斎木一馬ほか監修（続群書類従
完成会、一九九七年）

　『尊卑分脈』洞院公定撰（国史大系所収、吉川弘文
館、二〇〇七年）

　『松平家忠日記』盛本昌広著（角川書店、一九九九
年）

　『織田政権の研究　本能寺の変拾遺』岩沢愿彦著
（吉川弘文館、一九八六年）

　『織田政権の研究　織田政権と足利義昭の奉公衆・
奉行衆との関係について』染谷光廣著（吉川弘文館、
一九八六年）

　『近世初期日本関係南蛮史料の研究』松田毅一著
（風間書房、一九六七年）

　『回想の織田信長』松田毅一・川崎桃太編訳（中央
公論社、一九七三年）

　『大航海の時代』関哲行・立石博高編訳（同文館出
版、一九九八年）

　『光秀行状記』明智瀧朗著（中部経済新聞社、一九
六六年）

本能寺之変

『本能寺の変の群像』藤田達生著（雄山閣、二〇〇一年）

『謎とき本能寺の変』藤田達生著（講談社、二〇〇三年）

『秀吉神話をくつがえす』藤田達生著（講談社、二〇〇七年）

『真説本能寺』桐野作人著（学習研究社、二〇〇一年）

『だれが信長を殺したのか』桐野作人著（PHP研究所、二〇〇七年）

『明智光秀』高柳光寿著（吉川弘文館、一九五八年）、

『美濃・土岐一族』谷口研語著（新人物往来社、一九九七年）

『美濃源氏　土岐氏累代記』足立喜道編・出版（一九八二年）

『信長は謀略で殺されたのか』鈴木眞哉・藤本正行著（洋泉社、二〇〇六年）

『検証本能寺の変』谷口克広著（吉川弘文館、二〇〇七年）

『激震織田信長』（歴史群像シリーズ戦国セレクション）新井邦弘編（学習研究社、二〇〇一年）

『戦国时代の貴族』今谷明著（講談社、二〇〇二年）

『長宗我部地検帳にみる上方の人々』朝倉慶景著（朝倉書店、一九七九年）

『長宗我部元親のすべて』山本大編（新人物往来社、一九八九年）

『長宗我部元親』宮地佐一郎著（学陽書房、一九九七年）

『筒井順慶とその一族』籔景三著（新人物往来社、一九八五年）

『服部半蔵と影の一族』橋場日月著（学習研究社、二〇〇六年）

『松井康之伝』富島保次郎著（宮田昌之刊、一九九七年）

『松井佐渡守康之・松井佐渡守興長』蓑田田鶴男著（松井神社、一九六一年）

『安国寺恵瓊』河合正治著（吉川弘文館、一九五九年）

『春日局のすべて』稲垣史生編（新人物往来社、一九八八年）

『春日局58話』祖田浩一著（鈴木出版、一九八九年）

本能寺之変

　　『信玄の戦略』柴辻俊六著（中央公論新社、二〇〇六年）

　　『角川新版日本史辞典』朝尾直弘・宇野俊一・田中琢編（角川書店、一九九七年）

　　『織田信長という歴史』金子拓著（勉誠出版、二〇〇九年）

　　『信長と家康』谷口克広著（学研パブリッシング、二〇一二年）

　　『足利義昭政権論』久野雅司著（栃木史学第二十三号所収、國学院大學栃木短期大学史学会、二〇〇九年）

　　『連歌入門』廣木一人著（三弥井書店、二〇一〇年）

　　『連歌辞典』廣木一人編（東京堂出版、二〇一〇年）

　　『梅庵由己伝補遺』庵逧厳著（山梨大学教育学部研究報告第二八号、一九七七年）

　　『近世初期文壇の研究』小高敏郎著（明治書院、一九六四年）

　　『戦国軍記の研究』笹川祥生著（和泉書院、一九九九年）

　　『「光源院殿御代当参衆幷足軽以下衆覚」を読む』黒嶋敏著（東京大学史料編纂所紀要十四所収、二〇〇

四年)

　『イエズス会の世界戦略』高橋裕史著（講談社、二〇〇六年）

　『戦国の軍隊』西股総生著（学研パブリッシング、二〇一二年）

　『甲陽軍鑑入門』小和田哲男著（角川文庫、二〇〇六年）

　『天正壬午の乱』平山優著（学習研究社、二〇一一年）

　『細川幽斎の養父について』山田康弘著（日本歴史第七三〇号所収、吉川弘文館、二〇〇九年）

　『「依田記」成立の背景と由緒書への転換の可能性について』山崎会理著（長野県立歴史館研究紀要・第十八号所収、長野県立歴史館、二〇一二年）

　『抹殺された明智総領家の系譜』谷口研語著（俊英明智光秀所収、学習研究社、二〇〇二年）

　『光秀の遺児が握る明智系図再構築の謎』津田勇著（同上）

　『幕府のふみくら』長澤孝三著（吉川弘文館、二〇一二年）

　『上総に落ちた明智光慶』信原克哉著（歴史研究第五四五号、歴研、二〇〇六年）

本能寺之変

『豊臣秀吉の朝鮮侵略』北島万次著（吉川弘文館、一九九五年）

『天下統一と朝鮮侵略』藤木久志著（講談社、二〇〇五年）

『豊臣政権の番医』宮本義己著（国史学一三三号所収、国史学会、一九八七年）

『豊臣政権における太閤と関白』宮本義己著（國学院雑誌所収、國学院大學総合企画部、一九八八年）

『対馬国志』永留久恵著（「対馬国志」刊行委員会、二〇〇九年）

『千利休とその周辺』杉本捷雄著（淡交社、一九七〇年）

『千利休』芳賀幸四郎著（吉川弘文館、一九六三年）

『利休の死』小松茂美著（中央公論社、一九九一年）

『島井宗室』田中健夫著（吉川弘文館、一九六一年）

『古渓宗陳』竹貫元勝著（淡交社、二〇〇六年）

『面白いほどよくわかる孫子の兵法』杉之尾宜生監修（日本文芸社、二〇〇三年）

图书在版编目（CIP）数据

本能寺之变：光秀·信长·秀吉·家康，1582年的
真相／（日）明智宪三郎著；郑寅珑译. -- 北京：社
会科学文献出版社，2017.9（2019.10重印）
　ISBN 978 - 7 - 5201 - 1344 - 1

Ⅰ. ①本… Ⅱ. ①明… ②郑… Ⅲ. ①历史事件 - 日
本 - 战国时代（日本） Ⅳ. ①K313.36

中国版本图书馆 CIP 数据核字（2017）第 213305 号

本能寺之变
　　——光秀·信长·秀吉·家康，1582 年的真相

著　　者／〔日〕明智宪三郎
译　　者／郑寅珑
审　　校／信　誉

出 版 人／谢寿光
项目统筹／董风云　冯立君
责任编辑／沈　艺　刘玉静

出　　版／社会科学文献出版社·甲骨文工作室（分社）（010）59366527
　　　　　地址：北京市北三环中路甲 29 号院华龙大厦　邮编：100029
　　　　　网址：www. ssap. com. cn
发　　行／市场营销中心（010）59367081　59367083
印　　装／三河市东方印刷有限公司

规　　格／开本：889mm × 1194mm　1/32
　　　　　印 张：11.125　字 数：205 千字
版　　次／2017 年 9 月第 1 版　2019 年 10 月第 3 次印刷
书　　号／ISBN 978 - 7 - 5201 - 1344 - 1
著作权合同
登 记 号　　／图字 01 - 2014 - 5731 号
定　　价／59.00 元

本书如有印装质量问题，请与读者服务中心（010 - 59367028）联系